エリック・ミヤシロがガイドする
管楽器奏者のための楽器スーパー上達術
by Eric Miyashiro

佐伯茂樹 編

音楽之友社

エリック宮城（ミヤシロ）
Eric Miyashiro

米国 ハワイ ホノルル出身。1982〜84 Berklee College Of Musicに在席。米国人のプロトランペッターの父、日本人のダンサー／女優の母という恵まれた音楽環境の中ハワイで生まれ育つ。小学校の頃から楽器を始め、中学のときにプロとして活動を始める。

ジャズだけではなく中学、高校時代、多数のオーケストラでも活動し、数多くのコンチェルトを演奏、地元の"天才少年"としてテレビ、ラジオの出演依頼が殺到。噂が広まり、高校3年生のときハワイ代表として全米高校オールスターバンドに選ばれ、ニューヨークのカーネギーホールで憧れのメイナード・ファーガソンと初共演する。

高校卒業後、ボストン、バークレー音楽院に奨学金(Maynard Ferguson Scholarship)で招かれ入学、在学中からボストン市内のスタジオ仕事等を先生たちと行なう。22歳でバディー・リッチ、ウディ・ハーマンなどのビッグバンドにリードトランペットとして招かれ、7年の間、世界中を回る。数多くのアーチストのリードトランペッターとして活動後、89年に来日。すぐに持ち前の読譜力、オールマイティな音楽性でスタジオ録音、テレビ、アーチストのツアーサポートなどの仕事を始める。

吹奏楽、オーケストラ、学校講師、クリニシャン、作曲家、アレンジャー、プロデューサーとしても幅広く活動。1995年に日本国内最高のメンバーを集め、ビッグバンド "EM Band"を結成。2013年に"Blue Note Tokyo All Star Jazz Orchestra"のリーダー／音楽監督として活動を始める。

昭和音楽大学ポピュラー音楽コーストランペット講師。国立音楽大学客員教授。洗足学園音楽大学客員教授。大阪芸術大学客員教授。

International YAMAHAアーティスト。

【使用モデル】ヤマハ トランペット YTR-8340EM（エリックミヤシロモデル）
　　　　　　　ヤマハ トランペットマウスピース EM1、EM2（エリックミヤシロモデル）
　　　　　　　GR マウスピース Eric Miyashiro Signature Series

[CD]　2000年　『Kick Up』
　　　2003年　『City Of Brass』
　　　2006年　『Times Square』
　　　2008年　『PLEIADES』
　　　2010年　『SKYDANCE』

はじめに

　本書は、『Band Journal（バンドジャーナル）』誌（音楽之友社）の連載「エリック宮城さんに聞く楽器の悩みなんでも相談室」第1回〜第46回をまとめて再構成したものです。この連載が始まったのは2011年（7月号）。バンドジャーナルの読者である吹奏楽の学生のみなさんや指導者の方々にエリック宮城さんの楽器と音楽に関する知識とアドバイスを知って欲しいというのがきっかけでした。

　ご存知の方も多いと思いますが、エリック宮城さんは、ハワイ出身の日系三世のトランペット奏者で、中学生のときからプロ活動を始め、バークレー音楽院卒業後は、バディ・リッチやウディ・ハーマンのビッグバンドでリードトランペット奏者をつとめていました。その後、1989年に来日して、ジャズ、スタジオ、アーティストサポートなど、多方面で活躍しています。

　筆者がエリックさんと知り合ったのは、高校生だったエリックさんがヤマハの楽器を買いに日本を訪れたときでした。楽器店で目当ての楽器がなくて困っていたエリックさんに偶然声をかけて、別の楽器店に案内したのです。

　目当ての楽器店に着くと、ちょうど、錚々たるプロのトランペット奏者の方たちが来店中で、店員さんにあまり相手にしてもらえなかったのですが、エリックさんが、たまたま置いてあったロータリーのピッコロトランペットを見つけて、バッハの《ブランデンブルク協奏曲》を見事に吹き鳴らすと、店中の人が目を丸くして驚き、店員さんの態度も一変しました。その光景は今でも忘れません。

　その後、時は過ぎ、筆者が管楽器専門誌のライターと編集の仕事をしているとき、そこの編集長から、あるトランペット奏者に奏法について語ってもらう記事を作るように指示があったのですが、それでは面白くないと思ったので、エリック宮城さんに奏法を語ってもらってはどうかと提案しました。「とにかく一回だけ特集としてやらせて欲しい」とお願いして、好評だったので、毎回エチュードを解説してもらうという連載になり、そのまま続きました（そのときの連載は現在でも単行本化して売られています）。

　残念ながら、連載は途中で打ち切られてしまい、筆者もその雑誌とは疎遠になってしまったので、いつかまたもっと良いものを作りたいとエリックさんと話していたところ、『バンドジャーナル』誌の編集の方から声をかけていただき、新規で連載を始めることになったのです。

　筆者が、エリックさんと連載を始めようと思った理由は、超絶なテクニックと幅広い音楽表現を持った演奏をするエリックさんが、過去のエチュードや練習法に関する膨大な知識を持っていること。ちまたのトランペットのアドバイスには、自分の師匠の流派や自分の奏法を勧めるものが多いのですが、エリックさんは数多くのメソッドを熟知しており、その中から適しているものを紹介してくれるので、多くの人が読む雑誌にふさわしいと思ったのです。

　連載では、読者の方々によりわかりやすく読んでいただけるように、筆者が読者の立場でエリックさんに質問し対話する形にしました。クラシックが専門の筆者の疑問も多少は役に立ったかと思います。エリックさんが語る奏法の話は、一般に言い伝えられている奏法の知識を覆すようなものも少なくありませんが、全てエリックさんが豊富な演奏体験から得たもので、実用性があり説得力があります。やはり、頂上を極めた人ならではのガイドだと言えるでしょう。

　もちろん、ここに書かれていることが全てではありません。違う方法が合う方もいらっしゃるでしょう。この本が、ご自身の奏法や練習法を考えるきっかけになれば幸いです。

佐伯茂樹

目次

A 基礎テクニック〜スタート篇
- A-1 唇が厚い人はトランペットに向いていない? 6
- A-2 歯並びが悪いとトランペットには向いていない? 8
- A-3 豊かな音を出せるようにしよう 10
- A-4 バズィングの意味を正しく理解しよう 12
- A-5 適度な息の入れ方を体得しよう 14
- A-6 息を長く続かせるためにはどうしたらいい? 16
- A-7 姿勢について考えてみよう 18

B 基礎テクニック〜タンギング&スケール編
- B-1 自然なタンギングをマスターしよう[基礎編] 22
- B-2 自然なタンギングをマスターしよう[実践編] 24
- B-3 効果的なスケール練習をしよう 26

C 基礎テクニック〜リップスラー編
- C-1 リップスラーを克服しよう 30
- C-2 リップスラーの舌の位置や動きについて考えよう 32
- C-3 音楽のなかで使えるスラーを会得しよう 34
- C-4 リップスラーの効果的な練習法を見つけよう 36

D 基礎テクニック〜ダイナミックレンジ編
- D-1 ダイナミックレンジを広げよう 40
- D-2 高い音を楽に出せるようにしよう 42
- D-3 ハイBを出せるようにしよう 44
- D-4 低音域も練習しよう 46

E 上級テクニック編
- E-1 どうしたら音をはずさなくなるの?[前編] 50
- E-2 どうしたら音をはずさなくなるの?[後編] 52
- E-3 正しくピッチセンターに当てる 54
- E-4 リップトリルをマスターしよう[理論編] 56
- E-5 リップトリルをマスターしよう[実践編] 58

F 応用テクニック編
- F-1 苦手な薬指を克服しよう 62
- F-2 トリガーを使いこなそう 64
- F-3 ミュートの効果的な使い方を知ろう 66
- F-4 練習用ミュートを効果的に使おう 68

G 音楽表現テクニック編
- G-1 ソロにチャレンジしよう 72
- G-2 ソロでうまく歌うためには? 74
- G-3 アンサンブルの質を高めよう 76
- G-4 他のパートが聴こえる耳を育てよう 78

H メンタル&スタミナ編
- H-1 本番で緊張しないようにするには 82
- H-2 練習でバテない方法を考えよう 84
- H-3 唇がバテない方法を考えよう 86
- H-4 本番でバテたときの対処法を考えよう 88
- H-5 ダブルバズの症状を克服しよう[原因編] 90
- H-6 ダブルバズの症状を克服しよう[対処編] 92

I 楽器編
- I-1 楽器のメンテナンスに気を遣おう 96
- I-2 ピッコロトランペットを吹こう[選び方編] 98
- I-3 ピッコロトランペットを吹こう[吹き方編] 101
- I-4 フリューゲルホルンを吹こう[前編] 103
- I-5 フリューゲルホルンを吹こう[後編] 105
- I-6 コルネットについて知ろう 107

J 音楽スタイル編
- J-1 ジャズをジャズらしく吹こう[前編] 112
- J-2 ジャズをジャズらしく吹こう[後編]〜スウィング感を出そう! 114
- J-3 ジャズの山型アクセントの意味を知ろう 116
- J-4 リップベンドとヴィブラートをマスターしよう 118
- J-5 演歌を演歌らしく吹こう 120

A
基礎テクニック
～スタート編

A-1 唇が厚い人はトランペットに向いていない？

　よく「唇が厚い人はトランペットに向いていない」という話を耳にすることがあります。そのような理由で、吹奏楽部でトランペットを希望したのに違う楽器にまわされてしまったという人も、少なくないのではないでしょうか？　実際に唇が厚い人はトランペットに向いていないのかどうかエリックさんに聞いてみましょう。

POINT 1　唇の厚さで向き不向きは決まらない

——よく、「トランペットは唇が薄い人の方が向いている」と言われることがありますが、実際はどうなのでしょう？

エリック　「薄い唇はホルンやトランペットに向いている」とか、「厚い唇だとテューバが向いている」とか言われますけれど、僕はそれは違うと思います。黒人など唇の厚い人でもトランペットの名手はたくさんいるじゃないですか。そういった見かけの部分だけで判断するのは危険だと思う。

　マウスピースの中の出来事というのは、1円玉ぐらいの大きさの中で起こっていること。どんなに唇が薄くても、厚くても、そんなに様子は変わっていないんですよ。アンブシュアというのは、唇の厚さだけではなく、歯並び、唇の長さ、あごの角度など総合的な組み合わせでできているものなんです。

——それでも、唇の厚さによって違ってくる要素はある？

エリック　よく、「唇が分厚い人の方が鳴りやすいけどバテやすい」と言われるのに対して、「唇が薄い人は鳴りにくいけどバテにくい」と言われますよね。また、ウォームアップを入念にしないとダメな人は、唇の薄い人が多いんです。唇の粘膜の周りにある筋肉を、ウォームアップという動作でほぐしてあげないと的確な動きができない。つまり、厚い人も薄い人も一長一短なんです。どちらが不利と言うことはできません。

POINT 2　高い音域で唇を硬くしてはいけない

——生まれつきではなくて、吹くときに唇を薄くする人、厚くする人はいますよね。

エリック　下唇を巻く人はけっこういますね。下唇は、サックスやクラリネットでたとえると、リードを支えるマウスピースみたいな役割なんです。低い音にいったときは土台である下唇を柔らかくすることで、メインで鳴っている上唇が緩やかな振動を得やすくなるし、逆に、高い音にいったときは下唇のテンションを上

A 基礎テクニック～スタート編

げることで、上唇が細かい振動をしやすくなるんです。高音域に行って下唇を巻く人は、そういう感じでコントロールしていますね。

——それは悪いことではない？

エリック　自然だと思います。

——逆に、高い音に行ったとき、上唇を硬くしてしまう人がいますよね？　マウスピースへのプレス（押し付けること）も含めて。

エリック　振動する部分を硬くしてしまうと、潰れた音になってしまいます。高い音に行けば行くほど、振動数は多くなってくるので、柔らかくすることが大切かもしれません。

——でも、高い音を出すときに唇を硬くすると考えている人も少なくないように思います。

エリック　ギターやヴァイオリンの弦みたいに、張りを強くするという考え方ですね。でも、長続きしないじゃないですか。パンツのゴムみたいにどんどん緩くなってくるだけなので。緩くなったらまた硬くするという悪循環になってしまう。

——オーボエやクラリネットは、高い音を吹いているときでも、リードを潰しているわけではありませんからね。

エリック　そうですよね。トランペットの場合、跳ね返ってくる抵抗を上手く利用して唇のテンションを得る人もいるけれど、マウスピースや、引っ張るという力に頼り過ぎてしまう人も少なくありません。やはりバランスが大事なんです。

POINT 3　音域でアンブシュアが変わっても問題ない

——音域によってアンブシュアを変える「ダブルアンブシュア」というのはどうなんですか？

エリック　上の音域から下の音域に下がってくる、あるいは、その逆のときに、どこかでセッティングを変えることを悪いアンブシュアだと考える人がいるけれど、僕は必ずしもそう思っていません。ある程度、音域によってポジションが変わってもいいと思うんです。

——ポジションというのは？

エリック　上下の唇をちょっとずらすときってあるじゃないですか。トロンボーンでもそうですよね。本当に低い音に行くときは、ちょっと下あごを出して開くみたいな。そういった転換点はどこかに絶対にある。それをちゃんと自分で把握していて、極端でなければいいと思う。現実的には、低音と中音と高音の３つのポジションを微妙に使い分けていると思うんです。

——それをいちばんやっているのはホルンかもしれませんね。

エリック　そうかもしれません。音域が広いから。

——プロになると中音域がいちばん怖いといいますね。《展覧会の絵》の〈プロムナード〉とか。

エリック　シカゴ響の首席ホルン奏者だったフィリップ・ファーカスは、リヒャルト・シュトラウスの交響詩《ティル・オイレンシュピーゲルの愉快ないたずら》のソロを吹くとき、極端にアンブシュアが変化していたらしいです（笑）。見ていてハラハラするぐらい動くんだけど、音を聴いていると、ものすごくきれいでちゃんとしていたらしいですよ。

A-2 歯並びが悪いとトランペットには向いていない?

「歯並びの悪い人や出っ歯の人はトランペットには向いていない」と言われることがあるけれど、はたして本当にそうなのでしょうか? エリックさんは、世界中のさまざまな名手たちと共演を重ねながら、必ずしも歯並びの悪い人や出っ歯の人がトランペットに向いていないわけではないと思うようになったと言います。さっそくお話をうかがってみましょう。

POINT 1 歯並びが悪いから向いていないわけではない

——トランペットを吹いている人で、歯並びについて悩んでいる人は少なくありません。エリックさんはこの問題についてどうお考えですか?

エリック 日本では、「モンゴロイド(黄色人種)は出っ歯だからトランペットに向いていない」と言う人がたくさんいますけど、僕はそれは違うかなと思っています。いろんな人種の骨格を調べると、黒人や白人でもすごい出っ歯の人はたくさんいることがわかりますからね。

人間って、実は左右非対称なので、どちらかがある程度出ている場合が多いんです。正面から見るだけではそれがわかりません。上が出っ歯だけど、下の歯が真っ直ぐだとか、その逆のパターンで、しゃくれている人もいますし。

——なるほど。でも、歯並びが良い人の方がトランペットは吹きやすいんじゃないですか?

エリック どうなんでしょう? 意外に歯並びの悪いトランペット奏者って多いじゃないですか。歯並びがいびつなほうが、マウスピースが均一に唇を圧迫しないから、血行があまり悪くならなくてバテにくいという説もあるんですよ。

——痛いから押し付けないというのもあるかもしれませんね(笑)。

エリック そうかもしれません(笑)。

——確かに、そう言われると、意外にトランペット奏者は歯並びの悪い人が多いような気もします。

エリック 多いですね。でも、トランペットは、平たく言えば、前の2本の歯で支えているだけみたいなものですから。そこが極端に変でなければ大丈夫だと思うんです。

POINT 2 歯に当たる角度を考慮して楽器の角度を決める

——人それぞれ歯並びも唇の厚さも違うから、自分に合ったアンブシュアを見つ

基礎テクニック〜スタート編

けなければいけないわけですね？
エリック ええ。そういう意味では、初心者にはそれを判断するのは難しいかもしれません。自分に合っていないアンブシュアのまま、中学高校とずっとやってしまう子がたくさんいます。

先日、ある高校の吹奏楽部を指導しに行ったのですが、1stを吹いている子が、すごく上手いんだけれど、先生が言うにはすぐバテてしまうらしいんです。そこで、その子の口元をよく見てみたら、マウスピースの痕が上の唇にしかついていないんですよ。下の歯が引っ込んでいる子だったので、本当なら、自然に構えると楽器の角度が下に向くはずなのに、「私は1stだからがんばらなければいけない」という感じで楽器の角度を上げてしまっていたんです。それで、マウスピースが上唇を圧迫していたから、すぐにバテてしまったのでしょう。「ちょっと楽器の角度を下げて吹いてごらん」と言ったら、あとで先生が良くなったと言っていましたよ。

——**楽器を水平に構えるマーチングでは、そういうケースが多そうですね。**
エリック 多いと思いますよ。楽器を無理に水平にしようとすると、先ほどの例のように、唇にダメージを与える可能性があるだけでなく、無理に上に向けようとして首を上げてしまうと、気道の部分が不自然な形になるからそれも危ない。首が膨らんだときに動脈が圧迫されて頭がクラクラすることもあるんです。

——**それでも「楽器を水平に構えなさい」と言われたらどうしたらいい？**
エリック 楽器が下がった状態が自然な子は、腰の軸を使って上半身ごと上げてやればいいんです。そうすれば、首に負担がかからずに楽器が水平になるじゃないですか。ちょっと海老反りみたいな状態になってしまうかもしれないけど。

——**マイルス・デイヴィスみたいに、曲がったマウスピースをつくってあげるという手もあるかも（笑）**
エリック それは先生がダメって言うんじゃないですか（笑）

 ## 大きさの違うマウスピースを子どもたちに試させる

——**アンブシュアが悪いせいで、違和感を感じたり痛みを感じるのは、吹いている本人以外にはわからないですよね。**

エリック ええ。本人以外が外見だけで判断するのは難しい。ではどうしたらいいかと言うと、まず、自分に合ったマウスピースを選ぶこと。合っていないマウスピースを使うと、アンブシュアに無理が生じてしまいますから。

これは、ボビー・シューさんが進めようとしていることなのですが、各学校に、番号の打っていない3種類ぐらい違う大きさのマウスピースを常時置いておくようにして、子どもたちが、先入観を持たずに自分に合うものを見つけられる方法がいいのではないかと思います。

——**それは面白いですね。番号が打ってあると、これは大きいとか先入観を持ってしまいますからね。**

エリック ええ。バックでいうと、3C、7C、10 1/2Cぐらいの大きさのものを、番号をつけずにA／B／Cとかにして試させるようにすればいいんです。

A-3 豊かな音を出せるようにしよう

　トランペットを吹いていると輝かしい高音域に憧れるものですが、せっかく高い音が出ても、音が汚かったりつぶれてしまっていたら、聴いている人は不快に思ってしまうはずです。高音域も含めて、トランペットで豊かな音が出せるようになる方法について、エリックさんに話を聞いてみましょう。

POINT 1　豊かな振動が得られない原因を考える

——高音域で音がつぶれてしまう原因は何なのでしょう？

エリック　高い音を出しているとき、唇が息の圧力を支え切れないので、唇を引っぱってしまっていることが原因として考えられます。鳴るリードがつぶれて豊かな振動ができない状態になって、音がつまってしまっているわけです。

——昔よく言われた、「高い音にいくほど、アパチュア（唇から息が出る穴）を小さくする」という説明を聞いて、唇の振動する部分を小さくしているのも原因なのでは？

エリック　人によっては、アパチュアを小さくするというイメージを持つことでうまくいくケースもありますから一概には言えませんけれど、悪い方にいってしまうケースもあるのでしょう。その情報が、それぞれの人にとってどういうイメージで働くかという問題が大きいと思いますよ。身体の一部分だけを変化させることで音を変えると考えるのではなく、身体全体がチームワークで動くと考えた方がいいんです。

POINT 2　マウスピースの押しつけ過ぎを疑う

——もう1つの原因として、マウスピースを唇に押しつけ過ぎるというのもあるのでは？

エリック　それも考えられますね。唇が疲れてテンションが足りなくなった状態のときに、マウスピースを唇に押し付けることでテンションを加えるという。伸び切ったゴムをさらに伸ばすような形になって、伸び切った唇がさらに伸びてうっ血してバテるという悪循環に陥ってしまうわけです。そして最後には唇を切ってしまう。

——そうならないためにはどうしたらいい？

A 基礎テクニック〜スタート編

エリック A-1でお話したように、マウスピースの側からの圧力に対して、反対の圧力、つまり、息の支えとのバランスをとることです。具体的には息の圧力ですね。量ではなくて。

それに加えて、唇の周りの筋肉を使ってマウスピースから来る圧力を支えてあげるといいでしょう。マウスピースを押し返すような感じですね。

POINT 3 自分にとっての理想の音を見つける

——奏法の問題だけではなく、「豊かな音を出したい」というイメージを持つことも大事なんでしょうね。

エリック もちろんそうです。「豊かな音」というのは音色の問題じゃないですか。出したい音が自分の頭の中で鳴っていなければ、それを出すことはできません。いろいろなCDやコンサートを聴いて、「この人の音が気持ちいい」というアーティストを見つけるといいでしょう。

世の中にすばらしいプレイヤーがたくさんいて、それぞれにファンがいるということは、人によって好みがあるということなんです。これが絶対的にトランペットの世界一の音だというものはありません。自分自身の好みを探すために、まずはいろいろな音楽や演奏を聴かなければいけないと思います。

POINT 4 遠くまで響かせているイメージを持つ

——客席でどう聴こえているのかというイメージも大切ですよね？

エリック そうですね。豊かで響く音というのは、遠くに届くものじゃないですか。管楽器は空気を響かせる楽器だから、ベルから音を出すというイメージではなくて、部屋も楽器の一部だと考えて吹けば、自然に姿勢も良くなって、息の流れも良くなると思うんです。

どうしても、譜面台近辺のエリアだけで自分の世界が止まってしまっていることが多いので、会場も楽器の一部として響かせるというイメージを持った方がいい。高い音も、大きい音も、「遠くに」というイメージを持って練習すれば、自然に姿勢も視線も良くなるはずです。

——遠くまで音が届くように外で練習している人もいますけど、そういうのは？

エリック 外で吹くと、自分に戻ってくる周波数が少ないので、響きを自分でつくってしまう危険性があります。トランペットの音は、楽器から出ていく波と、戻ってくる波で成り立っているので、戻ってくる波が少ないと、自分でつくらなければいけなくなってしまう。大きなホールで響いていると気持ちいいけれど、デッドな（響かない）部屋で吹くと、戻ってくる響きが少なくてバランスが崩れてしまうから吹きにくいでしょう？

現代のトランペットは、野外で吹くのに適していないと僕は思っているんです。その点、マーチングのビューグルはすごく理に適っている。伝統的なビューグルはトランペットよりも管が長いG管で、倍音を使って高い音域を出していて、しかもニッケルメッキなので、室内で吹くと音が荒いんだけど、外で聴くとすごくきれいに鳴るんです。ナチュラルトランペットもそうですよね。これらの楽器は倍音が命なんです。

A-4 バズィングの意味を正しく理解しよう

　トランペットの音出しのときや初心者が練習するとき、マウスピースだけで音を出す「バズィング」を薦める人は少なくありません。けれども、この練習には賛否両論があって、世界的に結論が出ているわけではないのです。そこで、バズィング練習の長所と短所について、エリックさんの考えをうかがってみることにしましょう。

POINT 1　無理やり音を出す状態は自然ではない

——中学校の吹奏楽部などで、初心者がひたすらマウスピースだけのバズィングをしている場面をよく見かけますが、エリックさんはバズィングについてどうお考えですか？

エリック　初心者がやってしまいがちなのが、マウスピースなしのバズィングをしているときの状態のまま楽器を吹いてしまうということ。すると、初心者特有のビーッというつぶれた音色になってしまうんです。

　実際に音が出ているときの唇をCCDカメラで撮影したものを見ると、唇が開いたり閉じたりはしていないんです。やってみればわかると思いますが、楽器で音を鳴らしながらマウスピースをはずすと音は止まります。空気が出る音しかない。また楽器をつけると鳴り始める。

——確かにそうですね。音は唇で発生しているわけではない？

エリック　トランペットは、楽器の長さが生み出す抵抗を利用して、マウスピースに吹き込んだ息が乱気流のようになって音の波が発生する仕組みになっているので、実際に唇がビーッという音が出る状態にはなっていないということを意識してほしいですね。マウスピースのバズィングは、それを強制的にやっている状態になるから、危険な部分もあるんです。なので僕はお薦めしません。

POINT 2　マウスピースから跳ね返ってくる抵抗が重要

——音がうまく出ないときに、バズィングで出るようにすれば、楽器でも出るようになるという方法を薦める人も少なくありません。

エリック　小さなコップの中に小麦粉を少し入れて、上からフッと息を吹きかけると、小麦粉が顔にかかりますよね？　ところが、同じ量の小麦粉をドラム缶に入れて上から吹いても顔にはかかりません。

　トランペットもそれと同じで、吹いたときに乱気流みたいなものが戻ってくるから、開いた唇がその反動で元に戻って、その繰り返しによって振動が得られるんです。大きい音や高い音を吹くときに大切なのは、この抵抗を上手く利用する

A 基礎テクニック〜スタート編

こと。もっと息のスピードを上げなければいけないとか、息の量を増やさなければいけないとか、パワーを中心に考えすぎると、戻ってくるという要素がなくなってしまいます。そうすると唇が崩壊しないように支えようとして、唇を引っ張ってしまったり、逆に、唇を巻き込んでしまったりしてしまう。どんなときでも、適度なバランスの上で吹くことが重要なんです。

POINT 3　マウスピースを使わない フリーバズィングがお薦め

——いずれにしても、マウスピースを使ったバズィングには注意しなければいけないとお考えなんですね？

エリック　ええ。でも、マウスピースなしのフリーバズィングはお薦めします。演奏しているときに、実際にそのような状態で鳴っているわけではないのですが、唇の周りの筋肉を活性化させる良い練習法ではあると思うんです。

　そういった意味では、マウスピースを使ったバズィングも、ウォームアップなど一日の最初の方の練習で、練習のなかの一環として少しだけやるのならいいかもしれません。音感を養うことができるし、イメージトレーニングとしては使えるかもしれない。でも、それ以外だったら、マウスピースだけで練習するのは危険だと思います。

POINT 4　フリーバズィングができないのは マウスピースのリムに依存しているから

——フリーバズィングだと音が出ないという人は多いです。

エリック　そういう人は、トランペットを吹くときにマウスピースのリムだけに頼ってしまっているんだと思います。口径が合っていないマウスピースを吹くことで、上唇を引っ張って無理やり抵抗をつくっているから、リムという助けがないと音が出ない。「フリーバズィングができない＝マウスピースが合っていない」と言ってもいいかもしれません。これもチェックポイントにするといいでしょう。

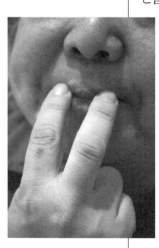

——フリーバズィングが鳴らないからマウスピースの口径を大きくするべきだという人もいますよね？

エリック　確かに、口径を大きくすると大雑把な動きは楽になるので、その方が良いと判断してしまうのかもしれません。フリーバズィングができない人は、2本の指を自分のマウスピースのカップの大きさぐらいに開いて、軽く支えてあげるといいでしょう。押し付けないようにして。これで音が鳴るように練習して、できるようになったら最終的に指なしでやるといい。

　フリーバズィングはウォーミングアップでも使えますし、休憩のときにやることで、腫れた唇を再びフォーカスすることもできます。

——唇をブルブルッと震わせるフラッピングとは違い、高い音でやるんですよね？

エリック　ええ。フラッピングも含めてやるといいでしょう。フラッピングをすることで、周囲の筋肉をほぐして、フリーバズィングでアパチュアを再確認する感じです。

A-5 適度な息の入れ方を体得しよう

　トランペットを吹くときに、息をたくさん吹き込まなければいけないと思っている方は多くいらっしゃるのではないでしょうか。エリックさんが吹いているところを見ると、すごく息をたくさん入れているように見えますが、実際はそうではないそうです。では、トランペットを吹くにはどれくらいの息が必要なのかエリックさんに聞いてみましょう。

POINT 1　息はそんなに入れる必要はない

——トランペットで良い音を出すためには、息をたくさん楽器に入れなければいけないと思っている人は多いですが、実際はどうなんですか？

エリック　よくそういうふうに思われているのですが、実際にはそんなに息は入っていないんですよ。息をたくさん入れなければいけないと思っている人には、僕は、マウスピースにハンカチをかぶせてその上から吹く実験をして説明しています。それでも、とりあえず音は出るんですよ。つまり、楽器の中に直接息がほとんど入っていない状態でも音は出るということ。

　他にも、マウスピースに紙を完全にかぶせて叩くと、ポンと音がするということもやります。これは、空気が動いているのではなくて、振動体が管の中にある空気を振動させて音が出るということの実験ですね。こういった仕組みを見せて、息をたくさん入れれば音が出るのではないことを理解してもらっています。

——なるほど。エリックさん自身は、若いころにもっと息を入れたいと思っていた時期はないんですか？

エリック　もちろんありますよ。当時はそれだけだと思っていました。そのころ、シルキーさん（レイノルド・シルキー。元シカゴ交響楽団首席トランペット奏者で楽器製作者）のところに行って、どうしたら楽器に息をたくさん入れることができるようになるか聞いたら、シルキーさんに「みんな息を入れろと言うけど、この楽器にはすでに空気が入っているだろう？　だから、さらにこの中に空気を入れる必要はまったくないんだ。必要なのは管の中にある空気を共鳴させてやることさ」と言われました。「ああ、そうか」と納得しましたよ。

POINT 2　息のスピードはそんなに速くない

——息の量だけでなく、息のスピードも速くなければいけないと思っている人は多いかもしれません。

A 基礎テクニック～スタート編

エリック そうなんです。プロの方でも、そうやって教えている人は少なくありません。「すべては息だから唇は忘れなさい」とか「高い音が出ないのは息のスピードが足りないから。もっと息を使いなさい」とか。結果として、過剰に腹筋とか肺活量を鍛えるという話になってしまう。

息の量と同じで、実際には、息のスピードはそんなに速くないんです。たとえば、コントラバスを弾いているところをイメージしてみてください。ものすごく力を入れて弾くと音はザラザラになるし、逆に、力が無さ過ぎても良い音はしません。いちばん良い音で鳴るポイントがあるわけです。トランペットも同じ。息を速く入れ過ぎても良い音は鳴りません。

僕はよくこういうデモンストレーションをします。主管を抜いてリードパイプの先に紙を垂らして低い音を吹くと紙がめくれるんですけど、高い音になるとほとんど動かないんです。「見てごらん。高い音に行けば行くほど、息が出ていないでしょ？」と説明する。「高い音は、息の量やスピードではなく、唇のテンションが上がるんだよ」と。

POINT 3 楽器やマウスピースの抵抗を利用する

――でも、エリックさんが演奏しているのを見ると、ものすごくたくさん息を入れているように見えるかもしれません。

エリック そうなんですよ。僕の場合、すごく息を入れていると誤解されることが多いんです。でも、実際にはそうではなくて、抵抗を利用して吹いているんです。

――抵抗というのは？

エリック 楽器とマウスピースの抵抗です。その抵抗と自分の息の圧力を調整している。初心者にはこのコントロールが難しいんです。空気の使い方が不慣れだと、息の圧力を上げることができません。

――確かに、フルート以外の管楽器は、楽器から返ってくる抵抗があるから、それを利用して少ない息で長く吹くことができます。

エリック そう。その抵抗が強すぎても弱すぎてもコントロールが難しい。以前、まだそういうことを考えていなかったころ、高い音が楽になると思ってカップの浅いマウスピースにしたら、抵抗がすごく強くてうまくコントロールできなかったんですよ。そこで、楽器をLボアにしてうまくバランスをとっているつもりでいた。今から考えると、ものすごい無駄なことをしていたんですよね。

――トランペットに限らず、できるだけ息がスムーズに入る楽器を選ぶという人は少なくないと思います。

エリック そうですね。息がたくさん入るように、マウスピースのスロートをドリルで広げる人もいます。でも、そうやって管の抵抗を減らすと、自分の身体で抵抗をつくらなければいけなくなってしまう。楽器に抵抗がないから寄りかかることができなくて苦しくなって、さらに息を入れようとするという悪循環が起きる。結果として、こじんまりとしたタイトな音になってしまうんです。こういう状態で、暗くすんだような音で吹いている人はたくさんいます。

やはり、楽器やマウスピースを選ぶときは、人に勧められたものを使うのではなくて、組み合わせたときの抵抗などトータルなことを考えて自分に合ったものを選ばなければいけないと思います。

A-6 息を長く続かせるためにはどうしたらいい？

せっかく良い音でメロディを吹いていても、途中で息切れしてしまったら台無しになってしまいます。少しでも息が長く続くように、毎日いろいろ練習や訓練をしている方は多いのではないでしょうか。そこで、エリックさんに、息が長く続くようになる練習法についてうかがってみましょう。

POINT 1 同じフレーズを声で歌ってみる

——フレーズを吹いたときに、息が長く続かないと悩んでいる人は少なくありません。

エリック 生徒に「息が続かない」と言われたときに僕がよくやらせるのは、実際にそのフレーズを声で歌わせるという方法。たとえば、4小節のフレーズをひと息で吹き切れないようなときは、「じゃあそれを声で歌ってごらん。音程はいいから、とりあえずラララで歌って」って歌わせるんです。何回か歌わせると、だんだんと声を出す状態でのブレスというものができてきて、一息で歌えるようになる。

——なるほど。声だったら無理に息を入れようと意識しないから、コントロールできるようになれば一息で歌えるようになるわけですね。

エリック そうなんです。そうやって、まずは、声で息のコントロールを体感させたら、次に楽器を持たせて「同じようにやってごらん」と言う。これを交互にやらせるんです。そうすると、どうやってペース配分をしたらいいのか、身体がだんだん無意識にわかってくるんですよ。

——ソルフェージュのために歌わせるという練習はよく聞きますけど、息のペース配分のために歌わせるというのは面白いですね。

エリック 声で歌っていて息が続かないときって「もっと息を吸わなければいけない」か「もっとセーブしなければいけない」のどちらかに行くじゃないですか。ところが、そこに楽器が加わって、フレーズの音域や音色などの要素が入ってしまうと、息の配分がよく見えなくなってしまうんですよ。声だと、実際の息のコントロールみたいなものがよく見えるようになるんだけど。

これは息のコントロールだけではありません。タンギングもそうだしリズムもそう。問題があるときは歌った方がいいんです。まず、楽器という要素を切り離して身体のメカニズムを調整してから、その後に楽器と身体のメカニズムを融合させるというプロセスにするといい。絶対にその方が問題は早く解決しますよ。

POINT 2 鍛えるのではなく柔軟にする

——息が続くように腹筋を鍛えるという話をよく耳にしますけど、エリックさん

A 基礎テクニック〜スタート編

はどうお考えですか?

エリック 腹筋を鍛えれば息が強く出せるという考え方は間違っていると思います。みなさん筋肉というポイントを過剰に考え過ぎているのではないでしょうか。

──腹式呼吸という言葉があるから、お腹の筋肉に意識が行くのかもしれません。

エリック 僕は、日本に来るまでは腹式呼吸という言葉自体を知りませんでした。アメリカでは、そういったニュアンスのものは声楽でも使っていません。単に深い呼吸という感じの説明でした。

──腹筋は必要ない?

エリック 必要以上に気にしない方がいいという意味です。やはり、息のコントロールをするためには身体の筋肉というものが必要なので、「鍛えろ」とまではいきませんが、ある程度身体を健康にしておくことが重要です。

あとは、身体のバネが大切ですから、筋肉の収縮力を活かせるように良い姿勢で身体がほぐれていることも大切。骨格の柔軟さも求められます。楽器を吹く前にラジオ体操みたいな運動をするといいでしょう。

POINT 3 音を出さずに楽器に息を入れる

──楽器を演奏するための最低限の筋力を得るためには、具体的にはどのようなことをすればいいとお考えですか?

エリック さきほどの息のコントロールと同じように、楽器の音を出さないでやる方法が効果的だと思います。具体的には、楽器の管に、音を出さないで息だけを吹き込む。フーッ、フーッ、フーッ、フーッと ff で二分音符を吹いているような感じで。

──唇は振動させないで息だけ入れるということですね。唇を振動させない方が効果がある?

エリック 唇が振動していると抵抗が生じてしまうけれど、唇が動いていない状態ではほとんど抵抗がないので、息を支えるために必要な筋肉が活性化し始めるんです。

初心者で、どうしても音がはっきり出せない、音量が出ない、おどおどしているような感じの子がいるじゃないですか。そういう子には、楽器なしで大きな声を出させたりします。性格的なものもあるので、「エイッ!」とか「ヘイッ!」とか大きな声で言ってごらんと、自分の中の身体のリミッターだけでなく、精神的な部分のリミッターをはずしてあげるんです。

──なるほど。中級者向けのメニューみたいなものはありますか?

エリック 定番のやつなんですけど、メトロノームをかけたり自分でタッピングしながら、4カウント吸って、4カウント吐いて、5カウント吸って、5カウント吐いて、というふうに、どんどん吸うカウントと吐くカウントを増やしていくというパターンはお薦めです。これによって、自分の呼吸のペース配分みたいなものを会得していくわけです。

でも、本当に大事なのは、実際の音楽の中で吸ったり吐いたりすること。常にリズムを感じていなければいけないから、休符もリズムだということを忘れてはいけません。吸うときも、その曲のテンポに合ったリズムで吸わなければいけません。

A-7 姿勢について考えてみよう

　楽器を演奏しているときの姿勢は自分では見ることができません。本やインターネットで「これが正しい姿勢だ」という情報が発信されているけれど、人によって違うアドバイスをしていることが多いので、どれを信じていいのか悩んでいる方も多いのではないでしょうか？　ここでは、姿勢についてのエリックさんの考えをうかがってみましょう。

POINT 1　外見だけで判断しない

——インターネットや本などで、楽器を吹くときの姿勢についてのアドバイスをする人が増えてきましたが、人によって違うことを言っているので迷っているという話をよく耳にします。エリックさんは、トランペットを吹くときの姿勢に関してどうお考えですか？

エリック　管楽器奏者に限らず、ピアニスト、ヴァイオリニスト、歌手、役者などに一貫して言えることは、背筋がピンとしていて、見た目が真っ直ぐになっているような状態が良い姿勢だと断言してしまうのは危険だということ。明らかに「その姿勢はダメだよね」というヴィルトゥオーゾプレイヤーや伝説のプレイヤーはたくさんいるじゃないですか。先日、知り合いの医師の人たちと話したのですが、彼らも「人間は、生まれ持った骨格や首の長さやアーチの形に差があるので、無理に画一化するのは違うんじゃないか」と言っていました。生まれたときからずっといちばん楽な姿勢で筋肉が育っているのに、それに反したことをやることで、他の身体の部分の筋肉に無理がかかると言うんです。

——なるほど。他人が外観で判断するのは難しいということですね。

エリック　ええ。人前では緊張して不自然な姿勢になる人が多いので、先生や指導者は長い時間その生徒と付き合わなければ、見極めるのは難しいと思う。この点に関しては、外部から教えに来るクリニシャンも気をつけなければいけません。そのときの状態だけで安易に姿勢やアンブシュアに手を入れてしまうのはとても危険だと思います。

POINT 2　表現に応じた姿勢を知る

——名手たちの演奏姿を見ていると、いつも良い姿勢をしているわけではなくて、

A 基礎テクニック〜スタート編

音楽の表現に合わせて変化している人が多いように思います。

エリック そのとおりです。僕の姿勢に対する考え方はまさにそこ。たとえば、*pp* のささやくようなフレーズをピンと背筋を張った姿勢で吹いている人は見たことがないし、逆に、華やかなファンファーレのようなフレーズを猫背で丸まって吹いているのも見たことがありません。

音楽家というのは、身体全体で音楽を表現しようとするものなんです。ピアニストも、ものすごく小さな音を弾くときは自然に猫背になるじゃないですか。指揮者だってそうですよね。トランペット奏者は、ピアニストみたいに激しく身体を動かすことはできませんけど、それでも同じようなことはしています。だから、ある姿勢を切り取って「これが正しい姿勢だ」と一言で言うことはできないと思うんです。

——「正しい音」というものがないように、「正しい姿勢」というものもないということですね。音楽の場面によって求められる音が違うから、それに伴って姿勢も変わってくると。

エリック おっしゃるとおりだと思います。「良い音が出ないから姿勢が悪い」と持っていくのはあまりにも短絡的だと思う。何かがうまくいっていないというのは、全体的な問題だと思うんですよ。原因の一部かもしれないけど、「舌」とか「あご」とか特定の部位を原因だと考えてしまうのは根本的な解決にはなりません。

生徒に何かうまくいっていない部分があったとき、指導する私たちや講師の人は、外側からしか見ることができないじゃないですか。その子が何を考えてるのか頭の中が見えるわけではないし、口の中や内蔵や筋肉をどのように使っているか見えるわけではない。なので、どうしても、アンブシュアの形や位置、姿勢を原因にして語ってしまいがちになるのでしょう。

POINT 3 動作を個別に考えない

——姿勢も唇も呼吸も口の中もみんな相互に作用しながら機能しているということ?

エリック そう。「ビギナーズラック」ってあるじゃないですか。まったくダーツを投げたことのなかった人が、いきなり真ん中に当ててしまうという。身体というのは、目的が明確に見えていれば自然に動くものなんだけど、「どこかが悪いのではないか」と考えるとできなくなってしまう。

——自転車に乗るときに「右足でペダルを踏んで」とか細かいことを考えていると倒れてしまうのと同じ?

エリック ええ。テューバ奏者のロジャー・ボボさんの公開レッスンを収録したビデオがあるのですが、そこに、生徒に水の入った洗面器を持たせて椅子に座らせて、洗面器を持ったまま椅子から立ち上がって歩かせる実験をしている場面があるんですよ。最初はふつうに出来てしまうんだけど、ボボさんが、「右足を前に出しました」とか、自分の動作を説明しながらやってみるように言うと、生徒たちは水をこぼしてしまうんです（笑）。行動するときに、身体の部分部分を意識していると全体の動きが不自然になってしまうということが言いたかったのでしょう。楽器を演奏するのもまったく同じなんです。

Eric Album No.1

クラーク・テリー（写真中）と。クラーク・テリーは、長年にわたってジャズ界で活躍したトランペットとフリューゲルホルン奏者。2015年に94歳で亡くなった。

バディ・リッチ（写真左）と。バディ・リッチは超絶テクニックで知られたドラム奏者で、バディ・リッチ・オーケストラのリーダーであった。エリックさんは、22歳のときからバディ・リッチ・オーケストラのリードトランペット奏者をつとめていた。

B

基礎テクニック

～タンギング＆スケール編

B-1 自然なタンギングをマスターしよう［基礎編］

管楽器の音色を大きく左右するのがタンギングです。せっかく良い音を出していても、タンギングが汚かったり、タンギングのタイミングがずれていたりすると、音色そのものが台無しになってしまいます。ここでは、自然なタンギングを習得する方法や速いタンギングを克服する方法をエリックさんにお話ししてもらいましょう。

POINT 1 自分の音色に合ったタンギングを見つける

——せっかく良い音を出しているのに、タンギングが強すぎたり、汚かったりして良い評価をされないという人も少なくありません。

エリック 音の出だしというのはすごく大事なんです。タンギングが鋭いと音色も明るい音に聴こえがちだし、ソフトなタンギングをすると音が柔らかくなったように聴こえる。「音色＝音程」だし、「音色＝タンギング」と言っていいかもしれません。

　だから、自分の音色に合ったタンギングを見つけなければいけないのですが、実際には、先生や先輩に「"ター"って吹きなさい」と言われて、何も考えないでそれだけをやっているケースが多いと思うんです。

——人によって理想のタンギングが違う？

エリック ええ。人によって、舌の長さ、厚さ、口の中の形状、歯の角度などが違うから、それに合ったタンギングを見つけることが大切なんです。あと、音楽のジャンルや状況に応じて、いろんな形のタンギングを使い分けることも大事。「これが正しいタンギング」「これは間違ったタンギング」というのではなくて、自分で実験してみるといいんです。ただやみくもに「速く」とか「はっきりと」ではなく、タンギングが音色の一部になるように、自分の音を聴きながら試してみてください。

——声と同じように、タンギングには個人差があるということですね。日本語や英語など、使っている言語の違いは影響しない？

エリック 言語によってタンギングが違ってくるという人もいますけれど、実際にはそれほど違いは出ていないように思います。もしかしたら「この国の人はこういう傾向がある」というのはあるかもしれないけれど、国によって違うと断言することはできません。

　よく、タンギングを言葉に変換して説明することがあるけれど、それが本当に合っているのか疑問ですね。言葉では「ター」っていうふうに説明されるけれど、実際に楽器を吹いているときにはそういう形になっていないと思うんです。

——確かにアンブシュアをつくった状態でタンギングをすると、「ター」って言えませんよね。

基礎テクニック〜タンギング&スケール編

エリック　ええ。その辺もいろいろ考え直して、自分のタンギングの研究を進めなければいけません。

POINT 2　タンギングを意識せずに音をスタートさせよう

――初心者の場合、まだ唇が振動し始めていないのに、タンギングの破裂音で無理やりスタートしているケースをよく見かけます。

エリック　人間というのは、「舌がどう動くか」とか、メカニカルなところに意識のポイントを置いてしまうと、大袈裟にやり過ぎてしまう傾向があるんです。だから、「タンギングをする」とか個々の動作に意識をしないようにして、完全に音だけを聴いていた方がいい。そうしないとやり過ぎてしまう。「もっとはっきりと吹こう」と思うと硬くなりすぎてしまうし、逆に「もう少し柔らかく吹こう」と考えると、息と唇のタイミングが合わなくてプスッと音がはずれてしまったりする。だから僕は、タンギングのことはあまり考えないようにしているんです。

――ヴァイオリンなど弦楽器も、音の出だしを考えるとぎこちなくなってしまいますよね。音が出る前からの流れで考えないと「ギッ」という雑音が出てしまう。

エリック　ドラムのヘッドにバチが当たって音が出るときもそうですよね。出だしばかり意識しても良い音がしません。

POINT 3　速いタンギングは声に出して練習しよう

――タンギングが硬くなっているのを直すにはどうしたらいい？

エリック　音の出だしに問題を抱えている人は、足でテンポをとる「タッピング」をするといい。身体の一部が動いていると、息を出すタイミングも整いやすいんです。

――メトロノームではダメ？

エリック　メトロノームではなくて、自分の身体の一部を動かした方がいいですね。体内のメトロノームがしっかりしていると、動作のタイミングが正しくとれるようになるんです。

――速いタンギングができないのは力が入り過ぎているから？

エリック　速いタンギングができないのは、リセットが遅いからなんです。舌を下げ過ぎていて、戻す際に間隔が遠くなっているから速くできない。大抵の場合の原因は、タンギングを大袈裟にやり過ぎているというケースなんです。

　そういうときには、楽器ではなくて声で「タタタタ」と歌ってみるといい。繰り返し繰り返し。身体というのは、無理なことをやらせるとだんだん効率の良い方向にいくので、無駄な動きがなくなって、できるようになるんです。

――楽器ではなく声でやるメリットは？

エリック　楽器ではなく声でやると、唇の振動がないから舌だけの動きに集中できます。声ではなく息だけで「トゥトゥトゥ」とやるのも効果的です。

――舌足らずで早口言葉が苦手な人はハンデになるわけですよね？

エリック　そうなんです。人それぞれ長所短所みたいなのがありますからね。短所を克服するためには、人より倍練習しなければいけない。僕自身、タンギングがすごく苦手だったので、悔しくて仕方がないから、取り憑かれたように声や息で練習しました。

B-2 自然なタンギングをマスターしよう［実践編］

　B-1では、きれいで自然なタンギングをマスターするための基礎的な知識についての話をエリックさんにうかがいましたが、ここでは、実際に楽器を演奏するときにきれいで速いタンギングができるようになる方法をエリックさんに紹介してもらいましょう。

POINT 1　自分に合った形のタンギングを見つける

——エリックさんは、若いときはタンギングが苦手だったとおっしゃっていましたが、どうやって克服したんですか？

エリック　僕は舌が短いので、若いときはタンギングが遅くてすごく悩みました。アーバン（金管教則本）に書いてある「tututu」や「tatata」というのをやっても、シングルもダブルも一向に速くならず安定しなかったんです。

　でも、いろいろな人がタンギングについて説明しているのを観察したら、みんな声で歌っているときの歌い方が違うんですよね。「ター」って言っている人もいるし、「ダー」って言う人もいる。気になって、自分がどうやっているか観察してみたんです。すると、僕のタンギングは da とか du とか "D" が基本だったんです。そこで、ダブルタンギングも「takataka」から「dagadaga」にしたら、速くできるようになりました。

——トリプルタンギングも同じ？

エリック　実は、「tataka」ってできなかったんです。いつもやってみてうまくできないから悩んでいた。でも、よく考えたら、「tataka」ってシングルとダブルのコンビネーションじゃないですか。つまり、「takata」というふうに、並び方を逆にしてもいいわけですよね。そうしたら、すごく楽になって、速くできるようになりました。やはり、自分に合う形を探すのが、いちばんの解決法だと思います。

——今、エリックさんが声で歌ったのを聞いていると、トリプルのときも "D" に近いですね。

エリック　僕の場合はそうなんです。舌が当たる口蓋は、人によってすごく高かったり低かったりするから、タンギングのときに舌が当たる場所も違ってくるんです。声が高い人は口蓋が低いらしい。口の中の容積や形は、人によってまったく違うんですよ。舌の長さも。だから、人によって、"T" というタンギングがうまくいく人とうまくいかない人がいるんです。

> B 基礎テクニック〜タンギング&スケール編

POINT 2 「ta」よりも舌の動きが少ない「da」を試してみる

——タンギングを"T"から"D"にしたら速くできるようになったという話はよく聞きます。

エリック 実際にやってみればわかりますが、「ta」というのは舌の先端を突くので、ストロークが長いんです。それに対して、「da」は真ん中か先端よりもちょっと後ろの方で発音するので、ロスが少ないのでしょう。

　タンギングを速くするためには、音を出したあとに舌をリセットするスピードが重要じゃないですか。そのリセットタイムが少ないのが「dadidudedo」なんです。

——でも、教則本に「tatata」と書いてあるからそれで練習している人は多い。

エリック たとえば、アーバンには「ta」と書いてあるけど、あれはフランス語だから、本当はもっと柔らかい発音なんです。バロック時代のナチュラルトランペットの教則本も、みんな"D"とか"G"で書いてある。エドワード・タールによると、その方が倍音のコントロールがしやすいんだそうです。

POINT 3 ただひたすら速く吹く練習をする

——具体的にタンギングを速くする練習法はありますか?

エリック 結論から言うと、タンギングを速くしたいんだったら、最初はどんなに汚い音でもいいから、とにかくスピードを追求するしかないでしょうね。人間の身体は、きついものを何回もやらせると、楽な方に持っていこうとする本能があるから、毎日練習していると無駄な力が抜けてまとまってくるんです。

　アレン・ヴィズッティは、ダブルタンギングでオクターヴを交互に吹くパターンをすごく速く吹けるので、「どうやって練習したの?」と聞いたら、「どんなに口が動いても、涎(よだれ)が出ても、ひたすら繰り返しやるんだ」と言われました。あれだけ優等生のヴィズッティにそう言われたのは意外でしたけどね(笑)。

POINT 4 架空のアウフタクトを想像して吹く

——タンギングは、最初の音がきれいに発音できるかどうかも重要ですよね。

エリック ええ。発音する音の頭のクリーンさが重要です。具体的には、息とタンギングのラグがないことですね。たとえば4拍子で「ター」と吹くとき、頭の中で1拍前に「タラララ」と十六分音符のアウフタクトを吹いているのを想像してから吹いてみると、きれいなタイミングでスタートすることができるはずです。

——2発目の音だと思って吹けば怖くない?

エリック そういうことです。実際に、アウフタクトのピックアップがあると怖くないじゃないですか。それを、音が出る前に想像する練習をすると効果的なんです。

　あと、タンギングをほとんどしないでスタートする発音も練習しておくといいでしょう。唇がヴァイオリンの弦で、息が弓というイメージで。弦楽器と一緒に吹くときなど、そうやった *pp* の発音が必要になりますからね。他の楽器を聴いて、その発音を真似するのも効果的です。

B-3 効果的なスケール練習をしよう

　楽器の練習で欠かすことができないのがスケール（音階）練習です。長調のスケールだけでなく、短調も含めて全部の調のスケールをマスターしておくべきですが、実際には、短調のスケールの練習はあまりしていなかったり、長調のスケールもシャープ系は苦手だという人も多いはず。ここでは、実践的なスケール練習のアプローチ法をエリックさんに話してもらいましょう。

POINT 1　苦手意識を持たず、違うものと思って練習する

——楽器が上手くなるためにはスケール練習は欠かすことができませんが、得意な調のスケールばかり練習して、♭や♯がたくさん付くともうお手上げという人も少なくありません。

エリック　ドのスケール（B-dur）よりも、シのスケール（A-dur）やド♯（H-dur）のスケールの方が難しいと思われがちですが、トランペットの場合、単純にピストンを押す順番が違うだけじゃないですか（笑）。だから、本質的には難しくないはずなんです。

——トロンボーンもそうですね。全部の音に♯や♭が付いたスケールも、ポジションが1つずれただけだと考えれば、そんなに難しくはありません。

エリック　そうですよね。「難しい」「簡単」ではなく、ただ「違う」と思うようになるまで練習しなければいけません。難しいスケールというのは、実はあまり練習していないだけなんです。

——吹奏楽の場合は、♯系の曲をやる機会が少ないから、♯系のスケールが苦手という人が多いように思います。

エリック　慣れていない調の曲になると、音を外しやすくなるじゃないですか。それは、出すべき音が頭に浮かんでいないからなんです。その調の和音の中の自分の立ち位置がわからないだけ。そこは練習して克服するしかありません。

　あと、スケールの練習というと、ドから始まって上のドで終わるという練習が多いと思うんですけど、レから始めてファで終わるとか違うパターンで遊ぶのも大事です。そうすると、難しさがまったく違いますから。教則本に書いてあるスケールはあくまでもガイドだと思って、いろいろなパターンで遊ぶべきだと思います。そうすることで、本当にその調を覚えることができます。

POINT 2　違う調の楽器で練習するのも効果的

——トランペットは薬指が出てくるフィンガリングが難しいという問題もありま

B 基礎テクニック〜タンギング&スケール編

すよね？

エリック ええ。薬指は、押す力ではなく上げる力が大切なんです。単純なストレッチや指を替える「ロールチェンジ」（F-1 参照）でも解消できますが、違う調の楽器で練習するのも効果的です。

——B 管ではなく、C 管とか Es 管を吹くということ？

エリック そうです。最初はふだん自分が吹いている指遣いと違うから違和感を感じると思うけど、その違和感を感じなくなるぐらい練習すると、B 管に戻ったときに違う視点から見ることができます。「あれ？」って思うぐらい新鮮に感じられますよ。

——エリックさんもそういう練習はしたんですか？

エリック しましたよ。中学生のときから家に C 管、D 管、Es 管、ピッコロがあったので、持ち替えてさらっていました。マーチングで G 管のビューグルを吹いたときも、最初は大変だったけれど、慣れてくると、B 管に戻ったときにいろいろな発見がありました。

——C 管は練習し始めるタイミングが難しいですよね。オーケストラやソロでは使うけれど、吹奏楽ではほとんど使わないし。

エリック 日本はけっこう遅いですね。アメリカはユースオーケストラがたくさんあるから、そこで使い始める人が多かったです。

POINT スケールは単調に吹くのではなく歌って吹くといい

——スケールの練習は、テンポも音量も均質にしようとして、単調でつまらないものだと思われがちですよね。

エリック 「ドレミファ」でミとファの間が半音、「ソラシド」でシとドの間が半音じゃないですか。この２つが階段状に組み合わさったものがスケールだと考えればいいんです。半音は、音と音の間が近いからスピードが出るんですよ。そこを自然に任せて速くしたり、逆に意識して遅くしたりすると、音楽的に豊かな表現になる。長調と短調では半音の場所が変わりますよね。そういうことを意識してスケールの練習をするといい。

——実際にメロディを歌うときも、半音のところをどう歌うかが重要ですよね？

エリック その通りです。半音が、歌い込むことができるところなんです。音と音の間の距離が短いから、踏み外さないように注意するので、そこに表情がつくわけです。これは音楽が持っている自然の法則。スケールを練習するときも、そういう自然の法則を知っておくといいでしょう。スケールで上がって行くときはクレッシェンドしてちょっとアッチェレランドする、逆に下がるときはデクレッシェンドして少しリタルダンドするというふうに。こういう吹き方をベースとしてやっておけば自然に歌になります。

——メトロノームで機械的に練習するばかりではなく、音楽的な生理に従って吹くということですね。

エリック そうです。たとえば、バッハの楽譜にはそういうことが何も書いてないけれど、当時は音型によって強弱や表情をつけるのは当たり前だったんです。そういうことが幹になって、後世の音楽やいろいろなジャンルに応用されているわけです。

Eric Album No.2

メイナード・ファーガソン（写真右）と。ファーガソンは、突き抜けるようなハイノートで世界中のファンを魅了したスーパースター。エリックさんは、高校生のときにハワイ代表として全米オールスターバンドのメンバーに選ばれ、カーネギーホールでファーガソンと初共演している。

C

基礎テクニック
〜リップスラー編

C-1 リップスラーを克服しよう

ロングトーンやスケールはたくさん練習していて得意だけれど、リップスラーは苦手という人は少なくありません。そこで、エリックさんにリップスラーをうまく習得するためのポイントをうかがいました。

POINT 1 高い音に上がるときは「上に上がる」と考えないで「前に行く」と考える

——学校の吹奏楽部に行くと、リップスラーが苦手だという子をたくさん見かけます。上の音に上がるときは、口を締めて出すから音がつぶれてしまい、下の音に下がるときは、口を緩めるだけなので猫の鳴き声みたいにだらしなくなっていることが多い。

エリック それは、高い音に行くときに「上に上がる」と考えるからいけないんです。「上げよう」と考えるのではなくて、「前に行く」と考えればいいんです。「アーアーアーアー」というふうに、高い音に行くにつれて前に押し出していく感じ。

そういうふうに考えれば、必要以上に口を締めたり、息が詰まったりすることなく、上の音を吹くことができるはずです。上に上げようと考えると、音量がピラミッド状になってしまい、大抵の子たちは、下の音域の音が太くて、上の音域の音が細くなってしまう。

POINT 2 イメージに合わせて手を動かしてみる

——なるほど。高い音ほど遠くを目指すというイメージを持つようにすればいいんですね?

エリック そうです。僕が子どもたちにやらせているのは、リップスラーをするときに、片手で高い音ほど遠くに行く動作(写真)をさせること。こうすることで、「前に行く」というイメージを明確に持たせることができるんです。こういったイ

リップスラーでは、高い音に行くほど「前に行く」というイメージで。実際に片手を動かしてみるとイメージしやすい(モデルはトランペット奏者の山崎千裕さん)

基礎テクニック〜リップスラー編

メージで指導して、「唇をこうしなければいけない」とか「舌をこうしなければいけない」というポイントから意識を離してしまうことが大事。

「遠くに持っていきなさい」と言うと、高い音になったとき、息も前方の遠くに入れるイメージになるじゃないですか。そうすると、身体の背筋とか胸筋などがぐっと支えになって息が入る。さらに、その息に対して舌が自然に上がって、それをちゃんと制御しようとするんです。息が入れば、唇が崩壊しないように唇に支えができますし。

POINT 3　唇や舌を個別に考えない

——身体の個別の部分を意識するのではなく、仮想の目的地を目指すことで、身体が自然に機能するということですね。

エリック　そのとおりです。身体の動きは、全てチームワークになっているので、「どこかひとつを動かさなければいけない」と考えるのはよくありません。最初の例にあったように、上の音を出そうとして唇を締めても良い音がしないし、舌だけ「ア〜イ〜」と上げて吹いても音は上がりません。出たとしても上が細い音になってしまう。

——唇や舌などの形が気になってしまいますが、個別に考えない方が結果が良いということ？

エリック　人によってそれぞれ条件は違うじゃないですか。唇、歯、あごの形、口の中の容積など。どこをどう動かすかというのは、個人によって全く違うんですよ。「舌の先を歯の後ろのここに当てなさい」とか「根本につかないといけない」とか、そういったルールは人によって違うので、初心者には言わない方がいいと思う。結果として自然に身につくものだと思うんです。

POINT 4　自分に合ったマウスピースを使う！

——他に、リップスラーをスムーズにマスターするポイントはありますか？

エリック　自分に合ったマウスピースを使うこと。正しいマウスピースでないと、リップスラーの習得の妨げになってしまいます。たとえば、マウスピースの口径がその人の口にとって大きすぎると、根性で押し付けて唇を引っぱって出すくせがついてしまう。

——子どもには、どれが正しいマウスピースかわかりませんよね？

エリック　そうなんです。大きいマウスピースの方が、唇が大袈裟に動くので鳴らしやすい。だから、子どもたちは楽だと感じてしまうんです。大きいと低い倍音が出るので、暗めになるじゃないですか。だから、聴いている側もそっちの方がいいとアドバイスしてしまう。

——逆もありますよね。小さいとハイトーンが出ると思っている子とか。

エリック　そうなんですよね。そこを冷静に判断するのは難しいことなんですけど、基本的にいろいろなサイズのマウスピースを揃えておいて、入学してくる子たちに唇に当てさせて、どっちが気持ちいいか、どっちが鳴りやすいか、先入観なしで試させるといいんです。本人が吹きやすいもので吹いた方が、リップスラーの上達も違ってくると思いますよ。

C-2 リップスラーの舌の位置や動きについて考えよう

C-1は、リップスラーの効果的な練習法やその際の注意点についての話でしたが、リップスラーでは、舌の位置が重要だと説明されることがよくあります。ここでは、リップスラーをする際の舌の位置や動きについてのエリックさんの考えをうかがいました。

POINT 1 シラブルを使わないリップスラーも練習してみる

——C-1では、リップスラーで高い音に上がる際、「上に上がる」と意識するのはよくないとのことでしたが、「音域に応じて舌の位置を変える」というシラブルの利用に関してはどうお考えですか？

エリック 賛否両論あると思いますが、僕は「低い音は舌の位置が"ア"で、高い音は舌の位置が"イ"だ」というような説明は必ずしも当てはまらないと思うんです。場合によっては、「ア」のままで上の音に上がるという状況もあると思う。

よく「口の中を狭くすると息のスピードが速くなって、息のスピードが速くなると唇が速く振動するから高い音に行く」と説明されることがありますよね。確かにそういうケースは多いけれど、必ずしもそればかりではありません。小さい音で高い音に行くのであれば、息のスピードみたいなものは少なくなるはずですから。僕らは、ケース・バイ・ケースで「奏法」「口の中の形」「息のスピード」などを使い分けているので、これが正解というのはないと思う。それらを音楽表現に応じて使い分けるべきなんです。

——**なるほど。実際の演奏ではさまざまな状況があるということなのですね。**

エリック ええ。なので、リップスラーの練習も、いろいろな状況をシミュレーションしながらやるべきだと思うんです。「アーイーアーイー」ばかりではなくて、「アーアーアーアー」というふうに「ア」のシラブルのままで上がったり下がったりするとか。そのときに、どのように唇が変化しなければいけないか体感できるはずです。

逆に「イ」のままで下がったり上がったりすることもやるといいでしょう。そのときも、下に下げるにはどういう変化をしなければならないかチェックする。そういうふうに、いろいろ自分に課題を投げかけてみて、さまざまな音色、音圧、音程、音量を使い分けることを考えながらやるリップスラーは、すごく良い練習

基礎テクニック〜リップスラー編

になると思います。

POINT 2 舌は発音の際の補助的な役割をしている

――アパチュア（アンブシュアをつくったときにできる息の通り道）を小さくすればいいわけではないというのと同じように、舌を上げれば高い音が出ると短絡的に考えない方がいいということ？

エリック そうです。たとえば、下のドを吹いているときの舌の位置が「ア」で、オクターヴ上のドが「イ」だとするじゃないですか。そうすると、今度は、上のドからさらに上に行くときは、その時点で舌が上に上がり切っているから、それ以上舌を上げることができませんよね。だから、上のドから次のドに行くときは、また「ア」から始めなければいけない。そうだとしたら、ぜんぶ「ア」でも行けるはずですよね？ そう考えなければいけないと思うんです。

――確かにそうですね。トランペットで使う倍音はたくさんあって、さらにいろいろな組み合わせがあるから、「ア」とか「イ」というシラブルだけでは対応できない。

エリック トランペットを演奏しているときの口の中の様子をMRIで撮影した動画があるのですが、それを見ると、高い音域の始めのときには、唇の振動を始めさせるために一瞬舌が上がって、唇の振動が始まったら下がるんです。

――舌はあくまでも補助的な感じで働いていると考えた方がいい？

エリック ええ。高い音に行くときには、唇の振動数を上げるきっかけとして舌が上がっていると思うんです。だけど、舌が上がり切ったままだと、口の中の容積が狭くなって鼻が詰まったような小さな音になってしまうから、音色を保つためにすぐに下がるのだと思います。

――舌はロケットの補助エンジンみたいな役割なのかもしれませんね。

エリック そうですね。舌が上がったり下がったりするのは確かなんですけど、音が鳴り始めたら大抵の人は舌を下げているんです。なので、舌を上げるとか下げるという結果にこだわると、必要以上に上げてしまって音が細くなったりしてしまう。

POINT 3 1つの方程式にとらわれず柔軟に対応する

――腹筋も、自然に吹いているときはそれほど意識して使わないけれど、急に大きく吹いたり跳躍したりするときには使っていますよね。テクニックというのは、路上教習みたいに、実際の演奏のさまざまなシチュエーションに対応する形で考えた方がいいのかもしれません。

エリック 本当にそうだと思います。僕たちが言葉を話しているとき、口の中はさまざまな動きをしていて、唇自体もいろいろな形をすることで声色を変えています。それと同じように、楽器を演奏するときも、口の中の動きで音色を変えているんです。タンギングも1つの形だけではなく、無意識に「ダ」とか「タ」とか「ディ」とかいろいろな形で変えているはずなんですよ。行動を1つの方程式でとらわれてしまうと、一色だけの発音になってしまうから、柔軟に対応する必要があると思います。

C-3 音楽のなかで使えるスラーを会得しよう

　C-2 はリップスラーをする際の舌の位置や動きについての話でしたが、今回は、スラーを実践的なレガートの表現で使えるようにするためのコツを、エリックさんに話していただきました。

POINT 1　その練習が音楽的かどうかを意識する

——C-2 で、リップスラーをするときは、舌はあくまでも補助的な役割をしているに過ぎないのではないかというお話でした。舌や唇という特定の箇所を意識するのではなく、総合的に考えた方がいいということですよね？

エリック　そうです。「舌を上げれば出る」とか「唇を変えれば出る」というふうに考えない方が結果がいいと思うんです。「息だけ」とか勢いに頼ってしまうのも良くありません。側筋、腹筋、胸筋や口の周りの筋肉など身体のあらゆる部分が複合的に働いていると思うんです。なので、実際にリップスラーの練習をするときは、身体全体のバランスを考えなければいけません。

　でも、もっと重要なのは、その練習が音楽的かどうかということ。基礎練習というと、どうしても機械的になりがちですけど、あくまでも音楽をするための練習ですから、そのことを忘れてはいけないと思う。

POINT 2　音の変わり目にアクセントがつかないようにする

——昔のドイツのプレイヤーは、ワーグナーのオペラなど、実際のオーケストラの曲の一節を使ってウォームアップや基礎練習をしていたようですね。曲の場面に応じた色合いやスピード感などを考えながら。

エリック　実際の曲の中で、リップスラーの練習パターンが求められることは滅多にありません。スラーは、どれだけ速く上下できるかということよりも、音楽の中で自然できれいに次の音に移ることが求められているように思うんです。なので、がむしゃらにルーティンなパターンを練習するのではなく、実際のレガートのメロディとかを練習した方が得るものが大きいと思う。

——リップスラーの練習で音の変わり目にアクセントがついた感じで練習している人が多いけど、レガートではアクセントがつかないように注意しなければいけませんよね。

エリック　そうなんです。スラーには、ポルタメントとまではいかないけれど、音と音の間がいかに滑らかにつながるかということが求められていると思う。そこを忘れてしまってはいけません。教則本のスラーのパターンだけに縛られるのではなく、曲のメロディを意識して練習するといいでしょう。

C 基礎テクニック〜リップスラー編

POINT 3 リップスラーのときにピストンを押す動作をしてみる

――リップスラーとピストンを押したときのスラーのニュアンスを近づける必要もあるのでしょうね。

エリック ジェームス・スタンプの教え方で、「イマジナリーヴァルヴ（Imaginary Valve＝想像したピストン）」というものがあるんです。たとえば、B管で上のドから「ドミドミ〜ソミソミ〜」というリップスラーをやるときはピストンを使いませんよね？ スタンプは、リップスラーがうまくいかない生徒には、ミの音に行ったときに、リードパイプのところを人指し指とかで押させるんですよ。

――それは何のため？

エリック ピストンを使ったスラーってけっこう楽じゃないですか。たとえば、「ソ〜ド」って上がるときも、ソを1＋3の指で吹いてドを開放で吹くなど、ピストンの動きがあると上に行きやすい。なので、ピストンを使わずに音を変えるときには、リードパイプのところでもピストンの上でもいいから、そこを押すような動作をすることによって、身体がスラーにうまく対応できるようになるんです。そういう感じでやれば、苦手なスラーもやりやすくなるかもしれません。

――なるほど。ピストンを押す動作がないと、唇で音を上げなければいけないと意識してしまうから、それを避けるのが目的なんですね？

エリック そうです。ピストンを動かすような動作をすることで、身体を騙すというか、上の音に上げようという意識を他のところに逸らしてくれるんです。

POINT 4 教則本に書かれたパターンの意味を知る

――スタンプのメソッドには、「ド〜レ〜ド、ソ〜ラ〜ソ、ド〜」という有名なパターンがありますが、あれも、「ド〜ミ〜ド、ソ〜ド〜ソ、ド〜」というリップスラーにプラスしてピストンを押したものですよね？

エリック そうです。やはりピストンを押すことで、リップスラーを唇で上の音に上げるという意識を逸らすための練習です。

――その意味を知らないで、ただのパターンだと思って練習している人も少なくないかもしれません。

エリック そうなんですよ。教則本には、そういったことが細かく書いていませんからね。実際にスタンプ本人に習った人でないと知らない奏法がけっこうたくさんあるんです。

――あの練習は、中高生にもお薦め？

エリック そうですね。意味を理解した上で練習したら効果があると思います。トロンボーンも、リップスラーがうまくできない生徒には、スライドで替えポジションを使って次の倍音に行かせると、スラーがやりやすくなるというのがあります。

C-4 リップスラーの効果的な練習法を見つけよう

　リップスラーの練習は、トランペットの上達に欠かすことのできないものですが、エリックさんは、やり方を間違ったり、やり過ぎたりすると、かえって逆効果になるという危険な側面があると語っています。ここではエリックさんに、リップスラーの効果的な練習法とその注意点について話してもらいましょう。

POINT 1　リップスラーの練習は慎重に

——エリックさんは、リップスラーの練習には危険な面があるから気をつけた方がいいとお考えだそうですね？

エリック　ええ。リップスラーは、ロングトーンと並んで上達のために欠かすことのできない練習とされていますが、やり方によっては逆効果になってしまう危険性があると思うんです。

——具体的にはどういう点が危険なのですか？

エリック　リップスラーというのは、唇や息などさまざまな要素が複合的に作用しながら違う倍音に跳躍するわけだから、いわば階段で三段跳びをしているようなものなんです。テクニックとしてはかなり高度なものになる。なので、初心者がやるときは、気をつけて練習しなければいけません。

——ウォームアップのときにリップスラーをするのも気をつけた方がいい？

エリック　あくまでも僕個人の意見ですが、僕は、ウォームアップの段階でリップスラーをやるのは早すぎると考えています。まだ唇や周りの筋肉が活性化されておらず、血の巡りの悪い状態でやると、逆効果になる危険性があるのではないかと。ウォームアップではなく、唇や筋肉が活性化したあとの基礎練習の中でやるべきだと考えています。

POINT 2　アパチュアを小さくすると考えない

エリック　それから、タンギングをしないと高い倍音に行くことができない初心者が無理やりリップスラーをやった場合、マウスピースのプレスに頼ったり、唇を引っ張ったりすぼめたりして出そうとして、結果として悪い癖をつけてしまうという危険性もあります。

——リップスラーという名称のせいで、高い音はアパチュアを小さくしたり硬くしたりして出すものだと思っている人も少なくないかもしれません。

C 基礎テクニック〜リップスラー編

エリック そうなんですよ。アパチュアが小さくなったり大きくなったりするのは、意図的にやるものではなくて、あくまでも結果だと思うんです。結果的にそうなっただけで、意図的にやるものではないと。アパチュアを小さくして高い音を出そうとすると、結果的には音も小さくなって、音色に変化が生じてしまうので、アパチュアを小さくとか大きくというのは意識しない方がいいでしょう。

POINT 3 真ん中の音を基準にして上下に広げる

——初級の人はどのような練習をするといいですか？

エリック 僕がよくやっていたのは、真ん中のドの音からスタートして、上のミに行ってまたドに戻り、今度は下のソに行ってまたドに戻るという形でどんどん広げていくパターン。この練習は、常に基準になるホームベースのドの音に戻るというところがミソなんです。

——日本の吹奏楽部では、初心者に下のドをしっかり練習させて、そこから上に上がっていく感じで練習させることが多いから、下が楽で、上に行くほど口を締めていく傾向が強いかもしれません。そうではなくて、真ん中を基準にして上下に広げていくのがいいということですね。ゴールキーパーがセンターを基準にして両サイドを守るように。

エリック そうなんですよ。自分のホームベースを低いドに置いてしまうと、高い音はそこから遠くなってしまう。なので、やっぱり、ホームベースは真ん中のドぐらいに置いた方がいいと思います。本当の初心者の場合は、トランペットでいちばん楽な音と言われる真ん中のソの音をホームベースにして、上手くなってきたら、真ん中のドをホームベースにするといいでしょう。そうすると、下に行くのも楽だし、上に行くのも近くなります。

POINT 4 高音域で音が狭くならないようにする

——音質に関しても、真ん中の音を良い音にして、同じ音質で上下に広げる感じにするといいのでしょうね。

エリック ええ。下のドを基準にして始めると、ピラミッド状態になって、上に行けば行くほどどんどん音が狭くなってしまいます。僕個人の考えですが、真ん中のソから下は、逆に難しい音域だと思うんです。本当は、上級者でなければきちんと鳴らすことができません。初心者の子に「下のドの音をしっかり鳴らすように」と言ってやらせると、口が開き過ぎて、マウスピースの中に唇が入り込んでしまったアンブシュアのまま進んでしまう危険性がある。

——トロンボーンの場合、音質が変わらないようにするには、グリッサンドを活用すると効果的です。たとえば、真ん中のソからドに上がるときに、1ポジションのリップスラーでやるのではなく、ソを6ポジションでとってグリッサンドでドまで上がれば、同じアンブシュアと同じ音質のままドに上がるということを体感できます。

エリック トランペットも同じです。僕は、スケール自体をそういう視点で見ています。スラーの延長だと。特に、半音階はトロンボーンのスライドのようなイメージで吹いていますよ。

Eric Album No.3

ボビー・シュー（写真左）と。ボビー・シューは、アメリカの有名なバンドのリードトランペット奏者を歴任した名手。エリックさんと親しい。

D
基礎テクニック
〜ダイナミックレンジ編

D-1 ダイナミックレンジを広げよう

　実際に曲を演奏するときは、あらゆる音域で広いダイナミクスが要求されますが、無理やり大きい音を出そうとして汚い音になったり、逆に、小さい音を出そうと思ってかすれてしまったりするケースは少なくありません。ここでは、音を犠牲にせずにダイナミックレンジを広げる秘訣をうかがうことにしましょう。

POINT 1　お客さんの前でたくさん演奏する

——トランペットを大きく豊かに響かせるためにはどうしたらいいですか？

エリック　トランペットをうまく鳴らせるかどうかは、体格の大小とか、男女の違いとかではなく、メンタル的な部分が大半を占めていると思うんですよ。

　トランペットはメロディを担当することが多く、目立ちやすい楽器なので、吹く人もそれに応じた性格を持っていなければいけません。少しでも気持ちが萎えてしまうと、楽器に飲まれて負けてしまいます。そういった意味では、体力的な力よりも、気持ちの力強さが要求される楽器だと言っていいでしょう。これはトランペットだけではなく、金管楽器全般に言えることですけど。

——具体的にはどうすればいいですか？

エリック　とにかく本番の場数を踏むことです。練習室に閉じこもって吹いていないで、できる限りお客さんの前で演奏する経験を積んでおいた方がいい。そうすると、響いている音というのがどういうものかわかるようになるはずです。

　1人で練習していても物理的に楽器がきちんと響いているという感覚はわかりにくいので、本番以外のときでも、アンサンブルやパート練習など、他の楽器の音と混ざった状態で自分の響きを体感した方がいいと思います。

POINT 2　身体のバネを利用して息を出して吹く

——楽器が響いている状態を知るコツを教えてください。

エリック　楽器を鳴らしているときは、「吹きすぎて怒鳴っている状態」と、逆に「小さすぎて鳴らない状態」のどちらかになりやすい。110％か0％という極端な状態なわけです。そうではなくて、その中間の70〜80％ぐらいの余裕を持ったところで吹けるようにすることが重要です。ただし、オーバーブロウ（吹き過ぎ）を体験しなければ、その境目がわからないかもしれませんが。

　具体的には、クレッシェンドの練習をするといいですね。音色が太いまま大き

D 基礎テクニック〜ダイナミックレンジ編

くするのがコツです。前に行くイメージで、音が開かないようにする。ステレオのボリュームを上げるみたいに。

——大きい音を出そうとするときに、息をたくさん吹き込まなければいけないと思って、オーバーブロウしてしまうのでしょうね。

エリック そうですね。あるいは息のスピードだけにとらわれすぎたりして。そうではなくて、もっと自然に吹くことを考えないと、楽器をきれいに響かせることはできません。

僕は、よく、生徒たちに身体のバネを利用して呼吸する方法をやらせます。身体を膨らませるように息を吸って、それがしぼもうとする流れで自然に息を吐くという形です。風船の中の空気をいっぱいにして、栓を開けると空気が出るような感じです。この呼吸をしながら、そのまま吐くときに楽器をつければ、息を押さなくても音は出ますよね？ これを利用しなさいと生徒には教えます。

——なるほど。息をたくさん吸うのは、吹き込むためではなくて、息の圧力を保つためということ？

エリック ええ。たくさん吸った息の圧力を利用して吹けば、まったく力を入れなくてもちゃんとした音は出ます。膨らんだ風船は無理やり押して空気を出す必要はありませんよね？ 楽器を吹くときも、無理やりフーッと吹き込む必要はないんです。

POINT 3 小さい音ほど支えをしっかりする

——*f* は力が必要で、*p* はリラックスして吹くと思っている人も少なくないのでは？

エリック それはまったく逆です！ 大きい音は、ある意味リラックスしていなければ響かせることができませんが、小さい音は支える力が必要です。*pp* は息に頼ることができないので、音の振動を支えるためには力を使うんです。

——大きい音は腹筋の力で出すと教わっているから、*f* で力が入ってしまうのかもしれません。

エリック そうですね。管楽器のことをよく知らない先生が、筋肉にばかり意識が行ってしまうというのはあるのでしょうね。もちろん、瞬発力が求められるときは腹筋の力が必要なので、その場その場の状況で違うんです。ですから、いろんなことを使い分けられるようにしなければいけません。自転車や車のギアを知っていていろいろ切り替えるように。

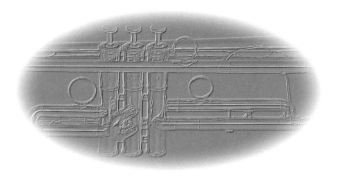

D-2 高い音を楽に出せるようにしよう

トランペットを吹いていたら、誰しも輝かしいハイトーンに憧れることでしょう。でも、初心者にとってそれは簡単なことではありません。高いソ（実音F）より上になると苦しくなるという人も多いのではないでしょうか？ そこで、エリックさんに無理なく高い音を出せるようになるコツをうかがうことにしましょう。

POINT 1 自分に合ったマウスピースを見つけよう

——高い音を出したいと思って苦労している人は多いですが、どういうところに注意して練習すればいいですか？

エリック まず大切なのは、自分に合ったサイズのマウスピースを選ぶことです。大きすぎるマウスピースを使っていてはうまくいきません。極端な例ですが、トランペットにトロンボーンのマウスピースを付けて「気合いで高い音を吹け」と言われても無理じゃないですか（笑）。それと同じように、まだ口の周りの筋肉が発達していない子に大きなマウスピースを与えて、「息のスピードを速くして高い音を出しなさい」と言ってもやっぱり無理なんですよ。物理的に考えて。

最初はマウスピース選びとアンブシュアから始めなければいけません。息というのはそのあとの話です。まず、唇が狙っている音の振動数を出さなければいけない。そのために、本当にその子に合ったマウスピースを選ぶことが重要です。

——でも、子どもたちはどのマウスピースが合っているかわからないのでは？

エリック そうですね。だから、指導者が客観的に見てあげる必要があるんです。これが、その子が伸びるか伸びないかの境目になると言っていいでしょう。

POINT 2 大きいマウスピースが良いとは限らない

——マウスピース選びですが、現実的には、その子に合っているかどうかではなく、多くの人が使っているモデルを使わされているケースが多いかもしれません。

エリック そうかもしれません。「大きいマウスピースが良くて、小さいマウスピースはダメだ」というのが定説になって、その先入観で決めているように感じます。

まったく楽器を吹いたことがない初心者に、トランペットとトロンボーンを渡して、「どちらが吹きやすい？」と聞いたら、音が出やすいのはトロンボーンの方なんですよ。それと同じように、大きなマウスピースの方が大雑把なアンブシュアで音が出るから、このマウスピースの方が良い音がすると先生たちが判断して

しまうケースが少なくないのかもしれません。
――あとは、吹きにくくても「一生懸命練習してがんばりなさい」と言ってしまう。
エリック そう。子どもたちは、合っていなくても仕方なくそのマウスピースで練習するから、唇を引っ張ったり押し付けたりして悪い癖がついてしまうんです。
　初心者が音をはずすときに、プスッと音が出なくなりますよね？　あれは、アンブシュアが息の力に負けて唇が開いて、戻ってこなくなっているからなんです。それで音を出すために、唇を引っ張ってしまう。そういう状態では良い音は出ないしすぐバテてしまいます。
――初心者に、いちばん下のド（実音 B）ばかり吹かせるから、唇の周りがゆるくても吹いてしまう癖がついてしまうのかもしれませんね。
エリック それもあるでしょう。僕が教えるときは、自分がいちばん楽な音域のホームベースをもっと上げようと指導するんです。いちばん下のドから吹き始めるのではなくて、自分が吹く音域の真ん中から始めた方がいい。僕の場合は、五線の上のソあたりをホームベースにしています。どうしても仕事で高い音を吹くことが多いので、そこに置いておかないといけないんです。
――初心者の場合は、下のドとハイトーンのドの真ん中という意味で、チューニングをするドぐらいに考えればいい？
エリック そうですね。

POINT 3　1か所にこだわるのではなく、全体のバランスが大事

――音がきちんと出るようになったとして、次に高い音を出すためにはどうしたらいい？
エリック どこか身体の一部だけを捉えて、そこを鍛えるという考え方はやめた方がいいと思います。高い音は息のスピードや舌の位置だけで出ると考えるのは危険だし、腹筋ばかりやっているのも違うと思う。筋力だけで上手くなるのだったら、誰でも上手くなりますよね（笑）。
　もちろん、息のスピードも大切なんですけど、息に圧力を与えるのは、すべてバランスなんです。自分の身体力、唇の形、口の中の容積、そういったもののコンビネーションが大切なんです。いろいろな要素が１つにまとまってトランペット奏者という完成形があるのであって、息とか唇だけに意識が集中するのはよくありません。
――具体的にどういう練習をしたらいいですか？
エリック とにかく*pp*で吹くこと。できるだけ息に頼らないようにすると、唇が鳴りやすいポイントにいくんです。そこを見つけるまで辛抱強く待ってあげる。
　僕たちって、うまくいかないと息を吹き込んでしまうじゃないですか。無理やり息で唇を響かせようとしてしまう。そういうのは危険な考え方なので、逆の方向で、息を使わないで鳴るように練習するんです。
――息を使わないというのは、吸わないのではなくて、吐かないということですよね？
エリック もちろんそうです。ただし、必要な量だけを吸う。僕の場合は100％吸わないようにしています。省エネで余裕を持たせるためにね。

D-3 ハイBを出せるようにしよう

　トランペットを吹いている人なら、まずはハイB（記譜のド、B♭）を出せるようになることが憧れのはずです。最近では、中高生向けの楽譜でもハイBまで求められる楽譜が増えてきたので、出したいと思っている人は多いのではないでしょうか。そこで、D-2の続きとして、ハイBまで出るようになるコツをエリックさんにうかがってみましょう。

POINT 1 唇を硬くしないように気をつけよう

——前の項目で高い音を楽に出す方法についてうかがいましたが、次に、多くのトランペット初心者の憧れであるハイBの出し方について教えてください。

エリック　D-2でお話ししたように、音域を広げるためには小さい音から練習するしかありません。高い音を出すためには唇を速く振動させなければいけませんが、初心者は唇に柔軟性がなくて大雑把な動きしかできないから、息だけに依存してしまうんです。でも、小さい音で練習すれば、息に頼るのではなくて唇の細かい振動に集中することができます。単純に考えても、大きな量の息を速く動かすよりも、小さい息を速く動かす方が楽じゃないですか（笑）。

——なるほど。あと、唇を硬くした方がハイトーンが出ると思っている人も多いかもしれません。

エリック　唇を引っ張って硬くすると、一時的に高い音が出るから、そう思っているのかもしれません。でも、音楽的なことを考えれば、高い音でも豊かな音が必要になるじゃないですか。そういう音を出すためには、唇が柔軟に動いていて、倍音がたくさん出ている状態になっていなければいけないんです。

——オーボエのリードみたいに、高い音でも柔らかい部分が残っていないと、豊かに振動しないということですね？

エリック　そういうことです。唇を硬くしてしまうのは、すごく硬いリードで高い音を出しているようなものです。

POINT 2 部分の形にこだわらずイメージで考えよう

——もちろん、ハイトーンを出すためには、唇の振動だけでなく、息の圧力やスピードも必要ですよね？

エリック　そうですね。結論としては、そういうことはイメージで考えた方がいいと思います。具体的には、低い音は冷たくなった手を暖めるような息で、高い

音は熱いものを冷ますような息というイメージで吹くといいでしょう。僕の場合、そうやって、息のスピードの「速い」「遅い」という感じで教えているときもありますし、「近い」「遠い」というイメージで教えていることもあります。

——イメージではなく、具体的にどの部分に力を入れたらいいかとか、口の中はどういう形にすればいいかということを求める人もいるのでは？

エリック　タンギングの話をしたときも言いましたが、楽器を吹くという動作はいろいろな要素が連動しているので、一部分だけを取り上げて考えるのはあまりよくありません。

POINT 3　ハイトーンの練習はバテていない前半にやろう

——ハイトーンの練習に関して注意することはありますか？

エリック　疲れていないときにやることが大切です。負担がかかる練習なので、必ず休みを入れることも忘れないでください。2時間あったら2時間みっちりやってしまう人が多いけど、そういう練習は身体を痛めつけているだけで、あまり身になっていないんです。

　繰り返しになりますが、とにかく、ハイトーンの練習は、「必ず練習の最初の方で、バテていないときにすること」と「小さい音でやること」がポイントです。小さい音の方が支える筋力を使うし難しいんですよ。高い音というとパワーが大事だと捉えられがちなんですけど、まったく逆で、繊細に吹かなければいけない。僕自身、自分の音域を広げることができたのは、ピッコロトランペットをたくさん吹いていたからなんです。

——ピッコロトランペットですか？

エリック　ええ。僕は中学生のとき、ピッコロやEs管の方が高い音が出ると思って、お父さんにねだって買ってもらったんだけど、ちっとも高い音が出ませんでした。「この楽器壊れているよ。高い音が出ない」って（笑）。その経験から、高い音はがんばって力で吹くのではないということがわかりました。

POINT 4　曲の中で実践的に出す練習をしよう

——他に効果的な練習法はありますか？

エリック　高い音を単独で狙って練習するのではなくて、メロディを使って練習するのがいいと思います。《となりのトトロ》でも《きらきら星》でもいいから、簡単な曲を吹いて、それに慣れたら今度は調を変えて1音か2音上げて吹く。その調に慣れたらまた上げていくという形で練習するといいでしょう。

　最終的には音楽で使えるようにならなければダメじゃないですか。ハイトーンはただの効果音ではありませんから。

——突然ハイBを単独で出すよりも、音楽の流れの中で出す方が簡単かもしれませんね。

エリック　そうなんですよ。そうすると、身体が覚えやすいし実践的な練習になると思います。この方法はメイナード・ファーガソンに教えてもらったんです。曲として吹いた方が楽しいですからね。

D-4 低音域も練習しよう

トランペットの練習というと、どうしてもハイトーンにばかり目がいってしまいがちですが、他の楽器同様、低音域をしっかりと練習して鳴るようにすることも大切です。ここでは、エリックさんに低音域を練習するコツをお話ししてもらいましょう。

POINT 1 すべての音域をまんべんなく練習する

——トランペットというと高音域に意識がいきがちですが、低音域がうまく鳴らなくて悩んでいるという人は少なくありません。低音域はどういうふうに練習したらいいですか？

エリック 初心者は、どうしても低音域から上に積み重ねていく感じで練習していく傾向があるので、ドから上ばかり練習して最低音のファ#（実音E）まであまり吹いていないと思うんです。楽器を始めた最初の頃にそういう練習ばかりしていると、自分のレンジの中でアンブシュアを巻き直さなければいけないポイントが出てきてしまう危険性があります。

——初心者でも最低音までまんべんなく練習した方が良いということ？

エリック ええ。五線の中のソ（実音F）などの吹きやすい中音域の音から、下の音域も上の音域も同時に両方向に広げていくといいと思います。そうしなければ、高い方にいくと唇を締めすぎて、低い方にいくと唇を緩めすぎるという感覚が身体に入り込んでしまうので。だから、僕は、最初の段階から下の音域もつくり上げるべきだと考えています。

——具体的に低音域を吹くときの注意点はありますか？

エリック 低い音ってどうしても息を入れすぎてしまう傾向があると思うんですよ。下のパートを吹いている子たちを見てみると、響かせようと思って一生懸命息を入れすぎていることが多い。なので、高音域の場合と同じように、下の音域も*pp*で練習するのが効果的だと思うんです。*pp*の場合、唇を緩めすぎていると反応しないから、下の音域を*pp*で吹くことで、自然にアパチュアが適度な形になるんです。このとき、もしも鳴らないのであれば、鳴るまで待ってあげるというふうに長い目で見てあげなければいけません。

POINT 2 「HA」というエアアタックで練習する

——低音域のタンギングで問題を抱えている人もたくさんいます。タンギングが強すぎたり、後膨れになったり。

エリック 音が鳴ったと同時に口の中が動いてしまうとか、アンブシュア自体が開きすぎるのをまた止めてしまうとか、何かそういった変化が起きてしまっているのでしょう。そうならないために、まず最初はエアアタックで練習するといいですね。

——エアアタック?

エリック 「TA」と舌で発音するのではなく、「HA」にするんです。「HA」にするとまったく舌が動かないんです。舌を突かないのは同じでも「AH」だと、舌が変なところに上がってしまって、しゃくったような感じで舌が凹んだ形になってしまうので、それもちょっと良くない。「HA」というのが、ニュートラルな舌のポジションになるんです。何回も「HA、HA、HA」と繰り返すことによって、回数を重ねるごとに唇の形がだんだんと理想の方に近づいていくわけです。

——「TA」とタンギングをしないで、唇の振動からスタートすることになるわけですね。

エリック そうです。あるいは、「PU」というのもいいですね。これを「スピットアタック」と呼ぶ人もいますが、高い音で唾を飛ばすとか、口の中にある舌の先のものをプッと飛ばす感じですね。

——昔、日本ではスイカの種を飛ばす感じと説明していました。

エリック そうですか。そういったものの中から、いろんなコンビネーションをやってみて、唇の反応を良くするというという練習法がいいでしょう。これは低音域に限らずすべての音域に使える方法だと思います。

POINT 3 音楽のフレーズの中で練習する

——低音域を練習する際の注意点を教えてください。

エリック いきなり低音域から吹くのは良くありません。まずは、中音域から始めて、低い音と高い音の両方向に向かった方がいいでしょう。たとえば、真ん中のソから始めて、「ソラ〜ソファ〜ソシ〜ソミ〜」というふうに広げていくとか。練習の終わりもまた中音域辺りで終わらせるといいですね。

——エリックさん自身は低音域をどういうふうに練習したんですか?

エリック 僕は学生のとき、高い音は憧れてたくさん練習したけれど、低い音は苦手だったんです。もうパサパサした音しか出なくて。これではいけないと思って、父が持っていたバストランペットを借りて、それを吹くことから始めました。そのあと、ユーフォニアムやホルンも練習しましたよ。低い音域というものを、ちゃんと自分の身体の中に入れなければいけないと思ったんです。そういった意味では、トランペットの低音域できれいなメロディを練習すると効果があると思いますよ。

——やみくもに音域を広げる練習をするのではなく、実際の曲を使えば、音色やフレーズのつながりを磨きながら練習できますね。

エリック そうですね。日本の学生のみなさんの演奏を聴いていると、みんなすごく器用で、テクニカルな面ではどの国の奏者にも引けをとらないと思うんです。だけど残念ながら、高い音も低い音も、練習のときにみなさんあまり音色のことを考えていないように感じます。やはり、音楽を使って低い音や高い音の練習をした方が良いと思いますね。

Eric Album No. 4

ボビー・シュー（写真中）、ドク・セヴァリンセン（写真右）と。今なお現役を続けるアメリカトランペット界のレジェンド2人との1枚。セヴァリンセンは、若い頃から有名楽団に在籍し、テレビの人気番組『トゥナイト・ショー』に25年間出演し人気を博した。

E 上級テクニック編

E-1 どうしたら音をはずさなくなるの？［前編］

　トランペットに限らず、金管楽器を吹いている人であれば、誰でも音をはずしたくないと思っているはずです。そこで、ここでは、少しでも音をはずさないようにする方法について、前編と後編に分けてエリックさんにお話をうかがうことにしましょう。

POINT 1　好きな曲で音程を思い浮べる

――音をはずさないようにするための克服法みたいなものがあれば教えてください。

エリック　やはり、まず「音感」が重要だと思います。これから出す音が頭に浮かんでいない状態で当てようとするのは、見えない的にダーツを投げているようなものじゃないですか。吹く直前にその音の音程が頭の中で鳴っていれば、的が見えやすくなって身体が適切に動きやすくなります。

――絶対音感がないと難しい？

エリック　結論から言うと、必ずしもそういうわけではありません。僕自身、絶対音感を身に付けようと思って、ヴァイオリンやピアノの人が書いた本を買いあさって読んだけれど、まったくダメでした（笑）。でも、あるとき、自分が小さいときから大好きで聴いていた曲を軽く口ずさむと、ピッチが合っていることに気がついたんです。たとえば《展覧会の絵》だったら、冒頭を実音のGの音で歌うことができた。

――確かにそういうのってありますよね。知っている曲が違う調で演奏されると違和感を感じますし。

エリック　ええ。繰り返し聴いたものは、音程まで頭の中に残っているものなんです。そのことに気がついてから、自分の好きな曲の出だしの音をすべての音の基準にするようになりました。

――なるほど。これから吹く音を、曲で思い出せばいいんですね。

エリック　そう。たとえば、実音のCだったら《『ロッキー』のテーマ》のファーガソン・バージョンの最初の音。Aの音だったら《マッカーサーパーク》。ショスタコーヴィチの交響曲第5番第4楽章のテーマもそうですね。こういうふうに、音に対して瞬時に頭の中のイメージで歌えるように努力したんです。そうしたら、すんなりいけるようになりました。あくまでも僕個人のやり方ですけど。今でも使えています。

E 上級テクニック編

POINT 2 練習のときにミスする感覚を身に付けない

——他に音をはずさないようにする方法はありますか？

エリック これもメンタルな問題ですが、「練習だからはずしてもいいや」というのではなくて、どんな練習のときでもはずさないように心掛けること。

——それはどうして？

エリック ミスする感覚を身体が覚えてしまう可能性があるからです。ゲネプロでミスった箇所があると、本番のときに、その箇所で「さっきミスした」という意識が生じて不安定になってしまう。もしくは、はずさないように意識して大きくスポーツ的な感じで強調して吹いてしまう。よく、繰り返しがある曲で、うまくいかなかったとき2回目の音量が大きくなっているというケースがあるじゃないですか。そうならないようにしなければいけません。

——確かに練習のときにうまく吹けなかった箇所は、本番で不安になって逃げ腰になってしまうことがありますね。

エリック そうならないように、僕は、リハーサルのときでも、ウォーミングアップのときでも、絶対に音をはずさないように心掛けています。もし練習で音をはずしてしまった場合は、そこですぐにやめてしまうのではなく、最後までちゃんと吹き終えたあとに、もう一度正しく吹き通します。

——それはどうして？

エリック はずしたときにすぐにやめる癖がついてしまうと、ミスする感覚が身体に残ってしまうんです。だから、僕は、練習中にミスをしても止まらないようにしています。ミスをしたら必ず2回やる。

——2回ですか？　それはなぜ？

エリック ミスしていない方の回数を増やしておくということです。それでミスした感覚を身体に覚えさせないようにしているんです。

POINT 3 失敗を覚えてしまう人間の本能を理解する

——ゲネプロでミスをしたとき、不安になって楽屋でそればっかりさらって、本番でバテてしまうなんてこともありますよね。

エリック ありますね。コンサートをたくさんやっている方は経験があると思うんですけど、人間というのは、調子が良かったコンサートよりも、調子が悪かったコンサートの方が覚えているものなんです。僕も、辛いときのコンサートの方を覚えていますよ。

——どうしてなんでしょうね？

エリック これは友人の医者から聞いた話なのですが、骨が折れたら次は太くなるのと同じで、人間は失敗することによってどんどん強くなっていくので、それが心に残るらしいんです。たとえば、熱いものに触って熱い思いをしたら、次は絶対に触らなくなるという本能があるので、熱かったという感情が残っているそうなんです。

　逆に言うと、トランペットの場合、はずさないようにするためには、やはり、練習のときにはずした感触を絶対に身体に覚えさせないようにするべきなんです。

E-2 どうしたら音をはずさなくなるの？［後編］

　E-1では、吹く前に音程を思い浮かべることの重要性や練習したときに失敗した感覚を身体に覚えさせないという方法についてお話をうかがいましたが、ここでは、その続きとして、大事な本番で音をはずさないようにするためのコツをエリックさんに聞いてみましょう。

POINT 1　体内メトロノームを養ってタイミングを合わせる

——E-1では、音をはずさないために「次に吹く音程を思い浮かべること」と「練習のときにはずした感覚を身体に覚えさせない」というお話をしていただきましたが、他に何かコツはありますか？

エリック　1つの音を発音するためには、身体、肺、腹筋、舌、口の周りの筋肉……最終的には脳みそまで、いろいろなものがタイミングよく動かなければいけません。なので、身体をまったく動かさずに吹くのではなく、身体全体で動かすようにするとタイミングが合いやすくなって、音もはずれにくくなると思うんです。僕は、アタックをきれいにまとめたいのであれば、指揮者みたいにヒットするポイントに向かって、微妙な動きでいいから楽器を少し振り下ろしてみることを生徒に勧めることがあります。そうすると、すんなりできるようになる人が多いんですよ。

——オペラ歌手も、声を出すときに呼吸に合わせて手を動かしますよね。動きがあった方がタイミングをとりやすいということですね？

エリック　そうです。僕は、演奏しながら足踏みすることをよく勧めます。学校では「足でリズムをとるのをやめなさい」と言う先生は多いけど、体内メトロノームというものを養うことは大切だと思うんです。機械のメトロノームを使って練習する子はたくさんいますが、それに頼っているだけでは体内メトロノームは養われません。本番のステージにはメトロノームはないじゃないですか。自分の体内メトロノームがしっかりしていないと、チームワークとしての身体のタイミングがずれるので、音もはずれてしまうんです。

POINT 2　カルーソーの教則本から学ぶ

——アメリカで出版されているカーマイン・カルーソーの教則本には、タッピング（足踏み）をしながら練習するように書いてありますよね。

エリック　ええ。カルーソーは必ずそう。ジェームス・スタンプの教則本もそうです。カルーソーの練習で興味深いのはタッピングだけではありません。彼の方法は、まずマウスピースに口をセッティングをして、吹き始めて音がきれいに出ていたら、1つのページの間は絶対楽器を口から離さないようにするというもの。

E 上級テクニック編

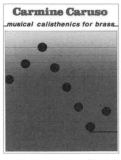

カーマイン・カルーソー『金管楽器のための音楽的柔軟体操』（Carmine Caruso: Musical Calisthenics for Brass）

一度セッティングしたらアンブシュアをリセットしないで、ただ音だけに専念できるようにするんです。

——なるほど。「タータータータ」と音を4つ吹いたときに、2つ目の音をはずす人がいないのと同じように、その音の口の形ができていれば、口を離さない限り、音をはずさないということですよね？

エリック そうだと思います。もう1つ、音をはずさない練習としてお勧めしたいのは、吹く前に必ずアウフタクトを頭の中で鳴らすこと。ただ「タ～」と吹くのではなく「ター・タ～」とアウフタクトを感じてから吹く。これはジェームス・スタンプの考え方です。

今おっしゃったように、「タータータータ」と吹いたとき、2発目の音ははずさないじゃないですか。身体の中でアウフタクトの音が鳴っているような状況を擬似的につくってしまえば、アタックは合いやすくなるんです。

POINT 3 怖い音の前にアウフタクトがあるつもりで吹く

——テンポがよくわからないときも、出だしで失敗しやすいですよね。

エリック 以前、そのことについてホーカン・ハーデンベルガーやジョン・ウォーレスと話したことがあるのですが、*pp*で吹かなければいけないような怖いソロのとき、多くの首席奏者は、アタックする前にアウフタクトのフレーズを頭の中で思い浮べているそうなんです。「ソ～」と開始するソロであれば、「ドレミファソ～」というふうに「ドレミファ」と架空のアウフタクトを吹いているつもりでスタートするわけです。《ローマの松》の舞台裏のソロも、そうやって考えて吹くと楽ですよね。

あまり上手くないジャズの人って、はずさないように、フレーズに頭に「タラー」って前打音みたいなのをたくさん付けて吹くことがあります。そういうのを頭の中だけで鳴らしながら吹けば、入りやすいということです。

——なるほど。アウフタクトがあると思えば、2発目のイメージで吹けるし、テンポもわかりやすい。

エリック たとえば、テンポが遅いときは、「タラララ・タ～」と十六分音符4つのアウフタクトにして、テンポが速いときは、「ター・タ～」とアウフタクトを四分音符にすれば、走らないし遅れません。

POINT 4 怖い箇所を気にせず音楽全体を見る

——これだけやっても怖いものは怖いですが、最後は心理的な問題なんでしょうね。

エリック ええ。度胸というか心の部分ですよね。やっぱり「はずしたらどうしよう」という恐怖感と戦うことは避けることができません。吹く前から「当たるかな？」と「？」マークを置いている時点でもう負けているのと同然なんです。

そうならないようにするためには、気になる箇所にポイントを置かずに、ゴール地点までを考えればいい。音楽全体を見て途中のことで悩まないようにすればいいんです。難しいパッセージやハイトーンばかり気にしていると、そこに近づけば近づくほど自分を追い込んでしまって、結局、ドキドキして「やっぱりはずしてしまった」ということが多いんです。そういうふうに自分を追い詰めないためにも、音楽の全体像をちゃんと見るようにすることが大切です。

E-3 正しくピッチセンターに当てる

　音をはずさないためには、それぞれの楽器が持つピッチセンター（ツボ）に当てることが重要になると言われています。ピッチセンターからはずれて、上ずったりぶら下がったりすることの原因も含めて、エリックさんにうかがうことにしましょう。

POINT 1　音のはずし方には2種類ある

——音をはずすとき、アンブシュアや奏法が原因のケースも少なくありませんよね。

エリック　そうですね。楽器のピッチセンターに当たっているかどうかが重要です。息を入れ過ぎてオーバーブロウになってしまうと、音が上ずってしまい、プスッと音が止まった状態ではずすんです。要するに吹きすぎなわけですね。それに対して、息の圧力が足りない場合は、ビヤーという感じで下の倍音に落ちてはずしてしまう。

　同じ「はずす」というときでも、この2つの症状があるので、自分を客観的に観察して、音が止まる感じではずすのか、それとも、音がぶら下がってはずすのか、冷静に聴いて判断するといいでしょう。でも、大抵の場合はオーバーブロウなんです。はずさないようにと思って吹きすぎてしまう。逆に、ppのところでは、音を決めようと思うと、下にはずしてしまうんです。小さい音にしようという気持ちが前に出すぎてしまって、息の支えが足りなくなるのがその原因です。

——本当のツボに当たっていれば、無理に息を押し込まなくても音が自然にのびていきますよね。

エリック　ええ。「音色＝音程」なんですよ。硬く聴こえる音色の人は、だいたい上ずっているし、詰まったような音を出している人は、だいたいぶら下がっている。

　やはり、正しいポイントにいないと倍音が響かないので、上にずれていても下にずれていても幅の狭い音色になってしまうのです。色が足りないというか。その辺も考慮して、センターで響かすようにするといいでしょう。

POINT 2　合奏の中でのくせにも注意する

——出そうとする音程自体が上ずっていて、その結果としてセンターからずれてしまっているということも多いのでは？

エリック　大編成の中で吹いているときに、高めに吹いた方がモニターしやすいというのがあるので、上ずって吹くくせが付いてしまっている人は多いかもしれません。そういう感じで上の音域を高く吹いてしまっている人は多いと思います

よ。でも、逆に低すぎる人もたくさんいます。吹奏楽部で下のパートを吹いてる子とか。

——ぶら下がってしまっているわけですね？

エリック ええ。音量で支えなければいけないと思って吹きすぎてしまい、ぶら下がるケースですね。倍音や和音というのは下から始まるものなので、下が正しく支えていなければ、どうあがいても合わなくなってしまう。なので、下のパートの人たちは、ぶら下がらないように気をつけなければいけません。

POINT 3 マウスピースが大きすぎることが原因の場合が多い

——上ずったりぶら下がったりする原因は楽器の側にはない？

エリック こうした上ずりとかぶら下がりは、マウスピースが大きすぎるのが原因である場合が多いと思うんです。僕がこれまで見た限りでは、小さすぎるという人はほとんど見かけませんでした。だいたい、大きいマウスピースを使っている人に問題があることが多いですね。大きいマウスピースで吹いて、バテてくると唇を引っ張る。すると、振動体が硬くなっていくので、たくさん息を入れないと振動が始められないわけです。

唇が張りつめた状態だと、出てくる音がギザギザして硬い感じになるじゃないですか。それを補うためにマウスピースを深くするという感じで、どんどんバランスが崩れていくんです。これは危険ですよね。「マウスピースが大きいと偉い」みたいな考えが背景にあるのかもしれません。

——昔の古楽器を見ると、ナチュラルトランペット以外はみんなマウスピースは小さいです。ホルンもそうですよね。小さい口径で低い音を出している。

エリック 楽器とのバランスですよね。ロータリートランペットみたいな楽器は、ベルが大きくて管が細いので、深めのマウスピースを使ってバランスをとっているわけです。D管、Es管のように管が短い楽器の場合も、マウスピースをちょっと大きくしてやるといい。

ところが、B管でそれと同じ大きなマウスピースを使ってしまうとバランスが崩れるんです。本当は、バックの1番くらいの口径のマウスピース（内径17.5mm前後）は、C管やD管に向いているそうなんです。元シカゴ響のハーセスは「俺のせいで（バックの）1番が主流になってしまった」と言っていました。彼は、6Bとか5C（どちらも内径16.25mm）を使っていたんだけれど、事故で唇を怪我したので1番を使うようになっただけなのに。

エリックさんとアドルフ・ハーセス氏（右）

——そのサイズが合う人はいいけれど、「プロが使っているから」という理由で、合わないのに使わされている人は大変ですね。

エリック 先日、楽器をはじめて1年も経っていないような子がクリニックに来ていて、「毎日練習しているけど、音が出ないし先輩から音が暗いと言われる」と言うんです。それで使っているマウスピースを見たらバックの1番でした。理由を聞いたら「先生にこっちの方が音が良くなるからと言われて替えました」と言うんです。その子は前のマウスピースですごくうまくいっていたらしいんです。何か問題がないのであれば、替えるべきじゃないと思うんですけどね。

E-4 リップトリルをマスターしよう［理論編］

唇だけでトリルをする「リップトリル」は、トランペットを勉強する人にとって憧れのテクニックですが、なかなか簡単にはできるようになりません。リップトリルをマスターするために、まずはリップトリルの仕組みについてお話をうかがってみましょう。

POINT 1 リップトリルの仕組みを知る

——吹奏楽の曲ではほとんど要求されないので、リップトリルは練習していないという人は意外に多いかもしれません。どういうふうに練習すればできるようになりますか？

エリック まず、リップトリルの仕組みを知っておかなければいけません。基本的にヴィブラートと同じような仕組みなのですが、ヴィブラートがあごを下げてピッチを下に向かって動かすのに対して、リップトリルやシェイクは、あごを動かすことで唇のテンションを高くして上の倍音に持っていく。それが交互に繰り返されるのがリップトリルの仕組みなんです。

——あごを動かすわけですね？　よく、「アエアエ〜」というふうに舌でかけると説明する人がいますけど？

エリック いや、舌だけでは絶対にできません。試しに、小さく切って畳んで棒状にした紙を奥歯と奥歯の間に挟んで歯が動かないようにしてからリップスラーやリップトリルをやってみてください。まったくできないはずです。やはり、リップスラーやリップトリルは、あごの動きがポイントになっているんです。だから、舌だけでやるとできない。舌が動いてはいけないと言っているのではありませんよ。舌も、あごも、マウスピースの外側にある筋肉も、すべての要素が連動しているんです。みんなチームワークとして動かなければいけない。その結果、マウスピースの内側にある唇をコントロールすることができるんです。

POINT 2 舌は補助の役割をしているだけ

——舌はあまり関係ない？

エリック いや、関係はあります。高い音の振動を開始させるきっかけをつくるために、舌が上がって口の中が狭くなることで、口内の空気が圧縮されて溜ま

E 上級テクニック編

ようにしているんですよ。
　でも、吹いているところの動画を見てみると、吹き始めは舌が上がるけど、音が出たら徐々に下がっているんです。圧縮された空気が唇の間を通って、出そうとする音程が決まったら、舌は一旦下がるのでしょう。
——リップスラーでもそれが必要？
エリック　ええ。舌が上がったままで口の中の容積が小さい状態だと、ベルから戻ってきた波が口の中から出る波ときれいにつながらないんです。なので、しっかりとした音でリップトリルを吹きたければ、舌が上がりっぱなしではいけません。もちろん、舌はあごの動きと連動するし、すごく高い音で*pp*を吹く場合などは、舌を上げたままの状態で吹いた方が安定するので、ケース・バイ・ケースだと思います。

POINT 3　マウスピースの内側の唇を動かすにはプレスが必要

——リップトリルは、「リップ」という言葉が付いているから、唇を動かそうとして苦労している人は多いかもしれません。
エリック　そうですね。でも、唇の組織自体に筋肉がないので、マウスピースが唇にくっついている段階では、マウスピースの内側の唇を操作しようとすること自体が不可能なんです。テューバのように大きな楽器の場合は広範囲に唇が入るので、唇を取り巻く筋肉繊維がマウスピースのカップの中でも活動できるのですが、口径の小さいトランペットやホルンではそれができません。トロンボーンもそうです。
　だから、マウスピースの内側の唇を動かすためには、あごの上げ下げ、マウスピースの角度、プレスの具合でコントロールしなければいけないんです。よく、「マウスピースを押し付けてはいけない」というノンプレス奏法みたいなのを提唱する人っているじゃないですか。でも、僕らは、ある程度はプレスがなければ吹くことができません。プレスも1つの演奏テクニックとして必要になるんです。

POINT 4　大きすぎる口径のマウスピースを選ばない

——口径の大きいマウスピースを使った方が内側の唇をコントロールしやすい？
エリック　マウスピースを選んでいるとき、その場では大きいマウスピースの方が自由に吹けるように感じてしまうんですけど、実は逆なんです。大きいマウスピースを実際に練習の場に持っていって3〜4時間吹いたら、疲れて唇が伸び切って何もできなくなって、その結果、どんどん押し付けていくしかないという状況になってしまう。それではコントロールはできません。
——その場で吹いて吹きやすいと思っても罠があるということですね？
エリック　試奏しているときは疲れていないので、マウスピースの善し悪しがわからないんです。疲れているときでなければ判断できません。実際に、ふだん練習している状況の中で使ってみなければ、見極めることができないんです。可能な限り、ふだんの練習の中で、本当に自分に合ったマウスピースを見つけること。それをしなければ、リップトリルはうまくできるようになりません。

E-5 リップトリルをマスターしよう［実践編］

　E-4は、リップトリルの仕組みについてのお話でしたが、ここでは、具体的な練習方法と、実際に曲の中でのトリルを使う際の注意点についてエリックさんにお話ししていただきましょう。

POINT 1　マウスピースだけであごを動かす練習をする

——実際にリップトリルを練習するにはどのようにしたらいいですか？
エリック　リップトリルやシェイクを、リップスラーの延長と考えてしまって、コツが掴みにくくなっている人が多いように思うんです。なので、まずはコツを掴むためにマウスピースだけの練習をするといいでしょう。具体的にはあごを細かく動かしてみること。あごを動かすこと自体ができない人がけっこう多いんですよ。
——具体的にはどんな感じ？
エリック　まずは、「ア～ア～ア～ア～」と八分音符でゆっくりやって、それを、タンギングの練習みたいに、三連符、十六分音符という感じでどんどんスピードを上げていく。まずは、こういう形であごを閉めたり開けたりする運動がコントロールできなければ、ヴィブラートもシェイクもできません。
——口の変化が大きすぎて速くできないという人も多いのでは？
エリック　そうなんです。そこが、多くの人のリップトリルの練習でいちばん間違っているところ。実際には、本当に少しだけの動きでかかるんだけど、リップスラーだと考えて大きく動かしすぎてしまう。それをやめるためには、ヴィブラートから入るといいんです。僕自身は、ヴィブラートの練習とリップトリルの練習は並行してやっていくものだと考えています。

POINT 2　強制倍音で吹いていることを体感する

——少しだけ音程を動かすところから入るということ？
エリック　ええ。まず第一に、本来の倍音にない「強制倍音」を出すということを体感しなければいけないと思うんですよ。リップトリルは、正規の指順で音を変えているわけではないので、上の音に行ったときに、唇の振動数が極端に上がるのではなく、強制倍音を鳴らすきっかけをつくってあげるという感覚でやればいいんです。
——具体的に何の音から練習するのがいいですか？

エリック トランペットで、リップトリルがかかりやすくなってくるのが、五線のいちばん上のファの音（実音Es）ぐらいからなんです。それより下でもかけることはできるけど、倍音の間が開き過ぎるのでお薦めできません。

——ファよりも上の音でも、上の倍音との間隔が隣り合った音とは限りませんよね？

エリック そうなんです。そういうときは、強制倍音にして、本来の音のツボとは違うところを鳴らさなければいけません。基本的に、クラシック音楽で使うリップトリルは、ナチュラルトランペットを吹くときだけで、現代のピストン楽器ではほとんどやりません。今、お話しているリップトリルはどちらかというとシェイクみたいなものなので、エフェクトとして使う感じですね。バロックや古典派の曲に出てくるトリルは、ピストンでやった方がいいと思います。

——ピストンでトリルをかけたとき、音程が不安定でふにゃふにゃになってしまうケースも見受けられます。

エリック それは、トリルで指を動かすことに気がとられて、息が不安定になっているからでしょう。これはクラシックの先生がよく教えている方法ですが、ロングトーンの中で指のトリルをして、息のスピードや音楽がピストンを押したときの変化に惑わされないように、ピッチセンターを保って吹く練習が効果的かもしれません。

POINT 3 曲のテンポに合ったトリルの速さを考える

——ピストンでかける場合も含めて、実際に曲の中でトリルを使うときの注意点はありますか？

エリック トリルというのは、基本となる音に対しての装飾じゃないですか。だから、下の音の存在感を保ちながら、上の音は華やかに飾るような感じで、両者の違いを意識して感じるようにしなければいけないと思います。

あと、大切なのはテンポですね。その曲に合ったトリルのテンポというのがあるので、ただ指を速く動かすのではなくて、速さをコントロールできるようにした方がいいでしょう。まずは、ゆっくり練習することですね。すごくテンポを落として、実際に何回ぐらいトリルをやっているのかカウントしてみるといいと思います。たとえば、フンメルのトランペット協奏曲の第3楽章に出てくるトリルも、4分の2拍子で考えたら十六分音符ぐらいの速さでいいんです。

——トリルはただ速く動かせばいいと思っている人も少なくないかもしれませんね。

エリック そうなんですよ。トリルはテンポでコントロールしなければいけません。ヴィブラートもまったく同じ。ただ揺れていればいいというのではダメなんです。やはり曲のテンポを考えなければいけません。もちろん、個人個人のセンスの問題もあるし、曲のスタイルにもよりますけど。

あと、それだけではなく、曲のスタイルや場所に応じて、音程で上げ下げする「ピッチヴィブラート」と、音型が変わる「モジュレーションヴィブラート」を使い分けることも大切です。あごでかけるヴィブラートか、それとも、指でかけるヴィブラートかというのも。どちらをどこで使うかというのもやはりセンスの問題です。

Eric Album No.5

アルトゥール・サンドヴァル（写真左）と。サンドヴァルは、キューバ出身のジャズトランペット奏者で、現在はアメリカに帰化している。ハイノートや超絶技巧を使いこなした音楽が魅力的。

ジェリー・ヘイ（写真左）と。ジェリー・ヘイは、アメリカのトランペット＆フリューゲルホルン奏者で、アレンジャーとしても知られる。グラミー賞のアレンジ部門で何度も受賞している。

F
応用
テクニック編

F-1 苦手な薬指を克服しよう

ピアノや木管楽器もそうですが、金管楽器のヴァルブの操作をするときに、薬指だけ動かしにくくて、速いパッセージを吹くのに苦労するという話はよく耳にします。ここでは、薬指の動きを克服する方法についてお話をうかがってみましょう。

POINT 1 薬指が動かしにくいのは引く力が弱いから

——第3ピストンを押したとき、薬指がうまく動かなくてハーフヴァルブのようになってしまうことがよくあるのですが、これは薬指の押す力が弱いからですか?

エリック 薬指は、押す力が弱いのではなくて、引く力がないんです。押す力は中指と同じぐらいあるのだけれど、薬指は小指とつながっているので、薬指だけを動かすのが苦手なんです。ためしに小指を動かさずに薬指を動かしてみてください。

——本当だ。ほとんど動かせませんね。

エリック これは、昔、人間が猿だった時代からのものらしいんです。ほとんど4本指のような状態で筋肉が動いているらしい。人間の身体というのは、先端が枝分かれするらしいんですよ。あごが出ている人って先端が2つに割れているじゃないですか。それと同じで、指もだんだん長くなってきて、それで5本指になったらしい。だから、つながっていたときの名残りで、薬指だけ上がるのが遅いという話を聞きました。

——それを速くする方法はあるんですか?

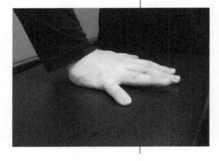

エリック ピアニストなど、極端な場合は手術したりしますけど、そこまでやる必要はありません。ようするに、指を上げる柔軟性を鍛えればいいんです。僕がやっているのは、机に手のひらをつけて、薬指だけを上げ下げする練習(写真)。第2関節を上げるようにするんです。上がらない人は、左右に動かせばいい。

POINT 2 ヴァルブキャップをゆるめて音でチェックする

——トランペットで薬指の動きを克服する練習方法を教えてください。

エリック 1つの方法としては、ヴァルブキャップを3つともゆるめて吹くとい

F 応用テクニック編

う方法があります。
──それはどうして？
エリック ヴァルブキャップをゆるめると、ピストンを押したときにきちんと上がり切っているかどうか、キャップがぶつかるカシャカシャという音でわかるんです。タッチが柔らかくなってきれいに作動していないときは音が小さい。この方法でセルフチェックするのはいいと思いますよ。

POINT 3 指をずらして脳の意識をリセットする

──他に練習する方法はありますか？
エリック 「ロールチェンジ」という方法があります。トランペットは、基本的に指を3本しか使いませんよね。人差し指が1番、中指が2番、薬指が3番と決まってしまっているから、あまり考えなくなっている場合が多いんです。特に、本当に簡単な調の場合は、指順が当たり前になってしまって、自分が何の音を吹いているか考えないで吹いていることが多い。なので、難しい調になると急に集中力が必要になってしまうんです。

そこで、常に自分が何の音を吹いているか把握するための練習として、3本の指と自分の脳の命令の意識を切断してしまうというのが「ロールチェンジ」。具体的には、指をずらしたり組み合わせを替えたりするわけです（写真）。そうすると、とたんに音痴になる。つまり、自分がそれまでやっていたことがわからなくなってしまうわけですね。これはすごくいい練習法です。いろいろパターンを変えてみてやるといいでしょう。

──メンタルな問題ということですね？

普段と違う指でピストンを押すことで、慣れと同時に苦手意識もリセットする「ロールチェンジ」

エリック そうです。メンタルな部分での練習。指の正確さと音感を養うためです。ふだんの指遣いをリセットすることによって、脳と指との連携プレーが崩れる。たとえば、違う調の楽器を吹いたとき、指遣いと出てくる音が違っていて、一瞬脳がパニックになるじゃないですか。意図的にそういう状態にして、苦手という意識もリセットするわけです。

POINT 4 楽器を構えたときの腕の角度に注意する

──速いパッセージでなくても、3番が障害になっているケースもあるのでは？
エリック よく見かけるのは、2-3から1-2に行くときなどに、3番ピストンがまだ上がり切っていないのに、次に行ってしまっている例。3番が上がるのが遅いので、中途半端に上がらない状態で次にいって、ハーフヴァルブのようになってしまっているケースは少なくありません。それを防ぐためには、楽器を構えたときの腕の角度が重要です。不自然な角度になっていると、3番が押しづらくなるんです。こういうことに気をつければきっと薬指の苦手意識は克服できると思いますよ。
──なるほど。今回うかがった練習法は、トランペットだけでなく、他の金管楽器や木管楽器でも役立ちそうですね。

F-2 トリガーを使いこなそう

　トランペットには通常、トリガーが２つ付いていますが、使いこなしている人は意外に多くないかもしれません。初心者の中には、使い方を知らないからまったく動かしていないという人も見かけます。ここでは、トリガーの使い方や練習方法についてエリックさんにお話ししてもらいましょう。

POINT 1 　第１トリガーも積極的に使おう

——トランペットのトリガーの使い方がよくわからないという人はけっこうたくさんいるようです。エリックさんから見てどうですか？

エリック　みなさん、低いレ（実音 C）やド♯（実音 H）のときなどに、高くなるから３番トリガーを使っていると思いますけど、１番トリガーをちゃんと使っている人はあまりいないのではないでしょうか。

——３番トリガーで足りないときに抜くという程度の使い方しかしていない人は多いかもしれないですね。１番トリガーはどういうときに使うのですか？

エリック　同じ音でも曲の調性やハーモニーによって微調整しなければいけないじゃないですか。１番ピストンや 1-2 番ピストンを押したときに、１番トリガーを使って微調整するんです。自分の音を客観的に聴いて合わせるのがポイント。

——トロンボーン奏者がスライドで微調整しているように？

エリック　そうですね。耳で感じ取って無意識に口で調整している場合が意外に多いんですよ。でもそうすると、本来の音のツボがはずれて音色が犠牲になってしまうので、それを避けるためにトリガーや替え指を使った方がいい。事前に、自分の音程のくせをよく知っておくことが大切です。

——吹奏楽部などでは、先生に「高い」と言われると、すぐに主管を抜いてしまう子どもたちを見かけます。

エリック　それはよくないですね。チューニングやテンポは絶対的なものではありません。音楽に応じて素早く対応しなければいけないんです。曲が明るくなればピッチは微妙に高くなるし、暗めな音のときは実際にはちょっと低めになっている。常に自分の耳を大切にしてトリガーで調節しなければいけません。

——第１トリガーの使い方ですが、たとえば、ラ（実音 G）やミ（実音 D）など 1-2 の指遣いの音が高い場合は、替え指として３番ピストンを使うのと、そのまま第１トリガーを抜くのとどちらがいい？

エリック　それは、曲がどの調なのかによりますね。和音の長三度の音の場合は低くしなければいけないからトリガーを抜いた方がいいときもあるし。たとえば、

F 応用テクニック編

僕は、Es-dur のとき、ラの音は 1-2 で第 1 トリガーをちょっと抜いています。楽器によって違いますけど、3 番ピストンを替え指として使うと、極端に音色が変わってしまうというケースもありますし。

POINT 2 楽器の音色に影響しない持ち方を考えよう

写真1

写真2

エリックさんは現在の楽器でも、「ピストルグリップ」の持ち方をすることがある

――トリガーにどう指を添えたらいいのか本とかにあまり書いていませんが、おすすめの持ち方はありますか?

エリック 小指だけ抜き差し管の下に回して、薬指でトリガーを操作する形(写真1)が一般的ですが、小指を抜き差し管の上に持ってくる形(写真2)もあります。人それぞれですね。吹いているときに、無理な動きをせずにトリガーを操作できる形であれば、どんな持ち方でもいいと思いますよ。ただし、気をつけなければいけないのは、人指し指がベルに触れないようにすること。

――ベルに手が触れるとダメなんですか?

エリック ベルに手が触れていると音色が変わってしまうんです。楽器に触れている部分が多いほど音色が変わるということを知っておいた方がいいでしょう。20世紀初頭にトランペットに最初にトリガーが取り付けられるようになったときは、第3トリガーのリングが抜き差し管の下側に付いていて、構えるとピストルグリップのようになるから、楽器を必要以上に握らないようになるように設計されていたんですよ。

――トリガーを抜いたときに、どのぐらいの長さまで伸ばすことができるかも重要ですよね?

エリック ええ。楽器のメーカーや機種によってはできませんが、僕の楽器はトリガーを目一杯伸ばすと半音低くすることができます。ビゼーや R. シュトラウスなどオーケストラの曲で低い Es の音が出てきたときに便利なんです。普通の楽器で、第3トリガーを伸ばしても足りない場合は、第1トリガーも抜いて対応するといいでしょう。

POINT 3 トリガーを動かすときのタイミングに注意しよう

――トリガーの動かし方の注意点はありますか?

エリック 音階の途中の音で使うときなど、トリガーをいつ動かすかというタイミングに注意した方がいいですね。ふだん練習していないと、けっこう遅くなってしまうんです。トリガーを使う音に移ったときに抜き終わっていないと、音を出した瞬間にしっかりツボに当たりません。トロンボーンと同じですよね。「ド~レ~ド~レ~」とか、「レ~ド~レ~ド~」とか、メトロノームを使って滑らかに吹けるように練習するといいでしょう。

――たとえば、B-dur の音階を吹いたときに、レの音だけトリガーを使ったとして、いつトリガーを元に戻せばいいんですか?

エリック 僕はすぐに戻します。音を出す瞬間は、指と息とタンギングなど、すべてのメカニズムのタイミングが合うことが重要ですよね。それと同じように、音が終わったあとの処理も大切なんです。次の音に対応できるようにリセットしなければいけません。

F-3 ミュートの効果的な使い方を知ろう

　トランペットを演奏するときには、ミュートを何種類も使わなければいけません。せっかくたくさん練習しても、ミュートを付けたときの音色や音程が悪かったら台無しです。ここでは、エリックさんにミュートの選び方、付け方、練習の仕方などについて話をうかがいましょう。

選ぶときは音程をチェックする

――ミュートを正しく選ぶポイントを教えてください。

エリック　実際に自分の楽器に付けて吹いてみて、音色や音程をチェックするといいでしょう。たとえば、スケールなどを吹いてみて、チューナーで音程をチェックするとか。ミュートが深く入り過ぎていると低い音が上ずってしまうし、逆に浅く入っていると高い音がぶら下がってしまいます。

　カップミュートの場合は、特に、ベルにどのぐらい入るかという入り具合が重要です。ミュートを装着したときに、ベルとの隙間がだいたい3cmくらいは欲しい。2cmでぎりぎりという感じですね。

――ミュートを付けると全体のピッチは高くなりますよね？

エリック　ええ。吹く前にチューニング管を抜いておく必要があります。ミュートを外したら戻すくせもつけておかなければいけません。あらかじめチューナーで測って、ミュートを付けたときは何mm抜くか覚えておくといいですね。

音色に注意して使い分ける

――ストレートミュートと一口に言っても、金属製やファイバー製など種類がたくさんあるので、どれを選んでいいか悩んでしまうかもしれません。

エリック　ミュートを選ぶときは、音色も考慮しなければいけません。理想としては、同じストレートでも、何種類か持っていて曲の感じや用途によって使い分けるのが望ましいですね。明るめのストレートと暗めのストレートの2種類の音色を持っていれば、いろいろ変化をつけることができるじゃないですか。ミュートは、音を小さくする弱音器と捉えるのではなく、エフェクターみたいに音色を変えるための道具だと考えた方がいいんです。

演奏中にはずれないように工夫する

――本番中にはずれて落ちないようにするためにはどうしたらいいですか？

エリック　まず、ミュートを選ぶときに、コルクとベルの形状がぴったりフィットするかチェックする必要があります。特に、ハーマンミュート（次頁写真）は

> F 応用テクニック編

演奏中に外れやすいので、しっかりとはまるかどうか念入りに確かめてください。

学校の備品のミュートを使うのであれば、コルクの状態をチェックした方がいいでしょう。長く使っていると、コルクの表面が劣化してグリスとかゴミとかが付着して抜け落ちやすくなってしまいます。そういうときは、紙ヤスリなどでこすって表面を掃除した方がいい。すごく凹んで平たくなっている場合は、楽器屋さんに持って行ってコルクを張り替えてもらうといいでしょう。

――ミュートを装着するとき、無理やり押し込んでいる人を見かけることがありますが、これはよくありませんよね。

エリック ええ。ねじり込む、ねじり外すみたいな感じで、ミュートを半回転ぐらいさせて入れて、外すときは逆方向に回転させるのが通常のやり方です。

――抜けないようにコルクの部分にハーッと息を吹きかけたり、霧吹きを吹き付けたりする人もいます。

エリック 僕は、コルクではなくベルに息を吹きかけています。水蒸気でベルの内側が曇るようにして。霧吹きとか水をつけるのは賛成しません。逆に外れやすくなってしまうことがあるので。

POINT 4 ミュートの特性に合わせて吹き分ける

――実際にミュートを付けて演奏するときに注意することはありますか?

エリック ふだん、ミュートのパッセージしか練習しないと思うんですけど、それだけではミュートを付けた状態に耳が慣れないので、通常の練習の中でもミュートを付けて教則本をさらうなどするといいでしょう。ミュートを付けると、タンギングやアーティキュレーションが著しく違ってしまうので、それに慣れておく必要があります。具体的には、ストレートミュートは音が硬くなるので、それに対してあまりエッジが立たないように滑らかなタンギングを心掛けるようにするとか。カップミュートは逆に音がぼやけてしまうので、アーティキュレーションをはっきりさせて音の頭がはっきりと出るようにした方がいいでしょう。

――ミュートを付けたときの音量にも注意しなければいけませんよね?

エリック ええ。カップミュートは、ストレートミュートにお椀をかぶせているようなものじゃないですか。自分に返ってくる音ははっきりと聴こえるのだけれど、音自体が前に行かないんです。なので、自分が思っているよりもはっきりと発音して、ちょっと大きいかなと思うぐらい吹いた方がバランスがいいことが多いですね。バケットミュートもそうです。自分の音が返ってくるので、怖がってあまり吹かないから、客席にはぼやけて聴こえてしまう。

――なるほど。ハーマンミュートもマイクがないと聴こえにくいですよね。

エリック そうですね。ハーマンミュートは、音が出る部分が1cmくらいの小さな穴なので、しっかりと音を支えなければ前に聴こえません。ミュート本体をきれいに振動させる感覚で鳴らすといいと思います。

ハーマンミュートに関しては、ヘソの部分(ステム)を付けたままで吹いているのをよく見かけますが、ポップスでハーマンと指定しているときは、99%ヘソの部分は外して吹かなければいけないということを知っておいてほしいですね。あと、ハーマンミュートは付けたときは、クオータートーン(1/4音)ぐらいピッチが高くなるので、絶対にチューニング管を抜いて吹くことも忘れないでください。

ハーマンミュートの中央部分(ステム)は、ポップスの場合ほとんどはずして吹く。また、ミュート装着時のピッチはあらかじめ確認しておくこと

F-4 練習用ミュートを効果的に使おう

　家の中や防音設備のない部屋で練習をするために、楽器に装着すると外に漏れる音が小さくなる練習用（プラクティス）ミュートが売られています。使いたいと考えているけど、実際どういうふうに使っていいのかわからないという人は多いかもしれません。ここでは、練習用ミュートの使用法や注意点についてエリックさんにお話してもらいましょう。

POINT 1　長時間練習しすぎない

——最近ではいろいろな練習用ミュートが売られるようになってきました。エリックさんは練習用ミュートについてどうお考えですか？

エリック　練習用ミュートの一番の目的は消音することじゃないですか。それによって抵抗感がすごく増えるから、吹き心地が窮屈な感じになってしまう。その状態でずっと練習をしていると、練習用ミュートの使い過ぎで起きる、くせのようなものが出てきてしまうんですよ。アメリカではこれを「ミュートシンドローム」と言います。

——ということは使わない方がいい？

エリック　いいえ、そんなことはありません。要するに、長時間やり過ぎなければいいんです。1時間は長過ぎると思う。個人的には長くて15分くらいがいいと思います。

——練習用ミュートはどういうものを選んだらいいですか？

エリック　ヤマハの新しいサイレントブラスは、僕が監修していて、すごく良くできているので個人的にはおすすめですが、普通のミュートと同じように、その人の相性や好みで選べばいいと思いますよ。人それぞれ吹奏感や好みは違うので、「このミュートが一番いい」というのはないと思います。

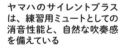

ヤマハのサイレントブラスは、練習用ミュートとしての消音性能と、自然な吹奏感を備えている

POINT 2　抵抗を意識してそれを利用する

——練習用ミュートを付けているときはどういう内容の練習をしたらいいですか？

エリック　練習用ミュートは抵抗が強いので、逆にその抵抗を利用した練習をするといいでしょう。抵抗が強いときの息の使い方や口の中の形というものを利用して、割り切った練習をすればいいんです。

> F 応用テクニック編

トロンボーンもそうかもしれませんが、練習用ミュートを付けると、ほとんどの人が高い音が出やすくなっていると思うんです。抵抗という寄りかかれるものがあるので、息の圧力を上げることができて、唇の振動数が上がるという一連の流れがやりやすくなるんです。そこをきちんと理解しながら練習すれば、練習用ミュートの練習というのは良い結果が得られると思います。

——エリックさん自身は、練習用ミュートを使った練習をしている？

エリック やっていますよ。僕の場合は、現状維持みたいな感じでオフの日とかに練習をしているし、たまにウォーミングアップで使うことがあります。具体的には、リップスラーやグリッサンドなどを、ミュートを付けたときの抵抗感に寄りかかって唇の運動をさせている。抵抗によってタンギングの具合が違ってしまうから、あまりタンギングの練習とかはやらないようにしています。

POINT 3　モニターをするときは自然なものを

——練習用ミュートを付けていると、口の中の形が変わってしまうという意見もあります。その抵抗を利用して喉を拡げて大きい音が出せるようにするという練習を提唱している人もいました。

エリック 逆に、強い抵抗で逆流する息があるので、それが喉に来て喉を閉めてしまうという説もあります。だから、長時間吹いたり息を入れ過ぎない方がいいと僕は思う。鳴らないものを鳴らそうという意識で力んでしまうから。

——イヤフォンでリバーブのかかった音を聴いていると、外して吹いたときに怖くなってしまうというのもある？

エリック 電子的に普通の音に聞こえるタイプもあるけど、リバーブを電気的につけると無理につくってしまって不自然な癖がつきやすいというのはあるかもしれません。ピストンの動く音やタンギングが生々しく聞こえてしまうと、奏者の側が余計なことをしてしまってよくありません。できるだけ、吹いていて感じる違和感を排除して、自然な感じで聴こえるものを選ぶといいでしょう。

サイレントブラスの「パーソナルスタジオ」は、セットとなるミュートを装着しながら、イヤフォンなどを使って自然な音色でモニターすることができる

POINT 4　カップミュートを代わりに使う

——練習用ミュートの代わりにハーマンミュートを使うという人もいますよね？

エリック ハーマンミュートは抵抗感がいちばん強いミュートなので、練習用ミュートとして使う人はいますけど、音自体が金属質だし僕は好みではありません。僕が練習用ミュートとして良いと思うのはカップミュートです。通常の演奏で使うときは、ベルとの隙間が程良く空いていた方がいいのですが、練習用として使うときは、完全に密閉した状態にしています。

——それはどうして？

エリック あくまでも音を小さくするため。カップの部分を動かすことのできるアジャスタブルなカップミュートを使って、カップの部分をベルにぴったりとつけるんです。そうすると、ハーマンミュートみたいな金属質の音にならずに、小さい音にすることができます。ただし、アジャスタブルなタイプのカップミュートには、本来のカップミュートの音がしないものもあるので、本番の演奏で使うときは気をつけてください。

Eric Album No. 6

シカゴ交響楽団のジョン・ハグストロム（写真右）と。
ハグストロムは、1996年以来、名門シカゴ交響楽団の
トランペット奏者として活躍する。ヤマハのトランペット
「シカゴシリーズ」のコンサルタントをつとめる。

G 音楽表現テクニック編

G-1 ソロにチャレンジしよう

　ピアノやギターなどは、楽器を始めたときに、まず簡単なメロディが演奏できるように練習するけれど、トランペットの場合、吹奏楽部の練習では基礎練習や合奏の曲の練習ばかりで、1人でメロディを吹く機会はほとんどありません。ここでは、ソロでメロディを吹くことの大切さやその際の注意点についてエリックさんにお話をうかがいましょう。

POINT 1 ソロコンテストに積極的に参加する

――吹奏楽部ではあまりソロをやる機会がありませんが、積極的にソロにチャレンジした方がいいですよね？

エリック　アメリカでは、吹奏楽のコンテストみたいなものはなくて、ソロのコンテストが盛んにおこなわれているんです。「ソロ&アンサンブルコンテスト」という名前で、ソロとアンサンブルを自分で選ぶことができる。

　僕も、中学2年のころからソロのコンテストに応募して受けていました。自分の性格が目立ちたがり屋だったというのもあるのですが、ソロを吹くのが好きだったのでしょうね。アンサンブルの100倍緊張するけど、メロディを自分の歌として吹くという魅力があった。やっぱり今から考えると、昔からソリスト志向だったのかもしれません（笑）。

――最初に受けたときはどんな曲を吹いたんですか？

エリック　超定番から始めました。Es管でハイドンの《トランペット協奏曲》を吹きました。

――最初にハイドンですか？

エリック　ええ。父親が持っていたアルマンド・ギターラ（元ボストン交響楽団首席トランペット奏者）のレコードのジャケットに写っていた小さいトランペットに興味を持って、そのレコードを聴いてみたらハイドンの協奏曲だったんですよ。最初は「なかなかソロが始まらないじゃん」と思ったけれど、何度も聴いているうちに待っているワクワク感にもほれ込んでしまった。当時は譜面がなかったので、自分で耳コピーして一生懸命練習しました。

　それがきっかけで、中3のときはフンメルの《トランペット協奏曲》を吹きました。そのあとすぐに、父がピッコロトランペットを買ってくれたので、モーリス・アンドレが監修したピッコロの譜面をたくさん集めて、タルティーニの《トランペット協奏曲》や、ヴィヴァルディの《2本のトランペットのための協奏曲》などで、コンテストに応募していました。

――人前でソロを吹くのは緊張しなかった？

エリック　めちゃくちゃ緊張しましたよ。顔から火が出るような感じで心臓がドキドキして、まったくうまく吹けなくてくやしい思いをしたので、もっと慣れな

G 音楽表現テクニック編

ければいけないと思って、いろいろな場所で吹く機会を増やすようにしました。

POINT 2 暗譜で吹けるソロ曲を持つ

――日本の子どもたちも、もっとソロを吹く体験を多く持つといいのですが。
エリック 本当にそうですね。1つの曲を暗記して吹けるという子がほとんどいないんですよ。自分たちがコンクールでやっている課題曲や自由曲の中のパッセージを2～3小節ぐらい吹けるだけなんです。それがちょっと悲しい。
――本格的なソロ曲でなくても、映画音楽でもJ-POPでもいいから、何か自分の好きな曲を吹いてみるといいんですけどね。
エリック そうですね。僕らの頃は、アーバン金管教則本の後ろの方に載っているソロを吹いてみることがきっかけになったんだけど、今の教則本は、無機的なパターンみたいなものばかりで、しっかりとした曲が収録された本が少ないのが残念です。

メロディを吹くことのなかには、いろんな奏法の答えになるものが含まれているんですよ。そのことの重要性を口を酸っぱくして言っているつもりなんですけど、みんな曲を吹いていて何かにつまずくと「スラーの練習が足りない」とか「腹筋を鍛えなければいけない」とか、すぐにそういうところに行ってしまう。やっぱり、基礎練習をしているときでもメロディを吹くことは大切だし、ロングトーンやリップスラーなども歌っているつもりで吹くようにするといいんです。

コンクールが終わったあとの時期などは、いろいろな曲をやっているなかで、下級生にもソロをまわしてあげるといいですよね。パートを交代したり、3番を吹いている子にソロをまわしてあげたりして、全員がソロを吹く機会を得ることも大事だと思います。

POINT 3 伴奏の部分も考えてペース配分する

――ソロの練習をするときに何か気をつけることはありますか？
エリック 自分のソロパートだけを練習するのではなくて、マイナスワン（音源）みたいなものを使って音楽の流れの中で吹くようにするといいですね。
――伴奏のピアニストが一緒にいれば理想的ですよね。
エリック ええ。僕がハイドンを練習していたとき、ピアニストと一緒に吹くと、なぜかすぐにバテて吹けなくなってしまったんです。1人で練習しているときは何回繰り返してもバテなかったのに、どうしてピアノと合わせると吹けないのか疑問に思って悩んでいました。1人で練習しているときは自分のペースで休んだりしていたけれど、ピアノと一緒に吹くときは音楽の流れのとおりに吹かなければいけないから、ペース配分が大事だということに気が付いたんです。それからは、レコードをかけて、ちゃんと伴奏の間を休むという、本番の疑似練習のようなことをたくさんやりました。

ビッグバンドで吹くときでも、難しいパッセージだけ練習して吹けるようになっても本番はまったくダメだったということがありました。やはり、イントロからの曲の流れのなかで、ペース配分をして身体を回復させながら吹かなければいけません。これは吹奏楽のコンサートでも同じです。

G-2 ソロでうまく歌うためには?

　G-1はソロに積極的にチャレンジすることの大切さについての話でしたが、ここでは、さらに音楽的にソロが吹けるようになるためにはどうしたらいいかということについて、エリックさんにお話ししてもらいましょう。

POINT 1　基礎練習も音楽的に吹く

——ソロのパートをより魅力的に吹くためには、どうしたらいいですか?

エリック　僕が子どもたちに勧めているのは、パート練習とか朝練、個人練習で基礎練習をしているときでも、音楽的に歌うようにすること。基礎練習というと機械的に吹いてしまいがちですが、そうではなくて、ヴィブラート、強弱、リタルダンド、アッチェレランドみたいなものを練習の中に入れるようにするんです。

——それはどうして?

エリック　スケール、タンギングの練習とかをやっていても、それを実際に使うときは音楽的な要素の中で使うわけじゃないですか。とにかく、練習のときから「音楽をつくる」ということをやっていなければいけないと思うんです。

——なるほど。実際に演奏する曲の中で使うつもりでそれぞれのテクニックを練習するということですね。

エリック　そうです。だから、教えるときには「練習のときも音楽的にアプローチするべきだよ」と言います。誰かに聴かせている、聴かれているということを考えながら練習するといいと。

POINT 2　実践的なヴィブラートを身に付ける

——そういう意味で、ヴィブラートも基礎練習のときに練習するといいとお考えなのですね?

エリック　ええ。実際に中・高校生を見ていると、うまくヴィブラートを使っている子がほとんどいません。聞いてみると、やり方もわからないと言う。下手をすると、大学生でも同じ状況かもしれません。ソロの歌い込みの研究とか練習を常にやっていないんですよ。基礎練習と音楽がかけ離れてしまっている。

——もしかすると、ヴィブラートも機械的に練習しているだけかもしれません。

エリック　そうなんですよ。クリニックとかで「ヴィブラートはどうやってかけるんですか?」って聞かれて、具体的にやり方を教えても、実際に曲で使ったときに、ただ音を揺らしているだけで歌にはなっていないんですよ。そういうときに「今ヴィブラートをかけていたけれどどう思う?」って聞くと、たいていの場

合は「わからない」って言う。本人がうまくかかっているかどうかがわかっていないんです。ということは、やっぱり「聴く」ということをしていないんですよね。練習ばかりしていて。

POINT 3　マンツーマンで先生の真似をする

——やはり、本物のヴィブラートをたくさん聴くといいんでしょうね。歌うという意味では、声楽のヴィブラートを聴いて真似をするのがいい？

エリック　以前は、僕も、楽器で人間の声をある程度真似してから始めた方がいいということで、歌を聴くことを勧めていたんですけど、低学年の子たちだと歌を聴いてもわからないみたいなんですよ。自分で実際に吹いているトランペットの音でしか理解できないんです。ふだん聴いて真似をするということをやっていないから、わからないのでしょう。「CDとかたくさん聴いてね」と言っても、わからないという子が多かった。

——**具体的にはどうしたらいい？**

エリック　やっぱり、一緒に吹いてあげて、まずは真似させるしかありません。「伸ばしているときは3拍目あたりからこのくらい揺らすとカッコいいかもしれないよ」みたいなことできっかけをつくってあげて、「じゃあ僕がやったように真似をして」と言って真似させる。真似ができるようになったら、今度は「違うトランペットの人の演奏を聴いてみて」と言うんです。

POINT 4　憧れのプレイヤーを見つけて真似をする

——でも、それはエリックさんに直接教わるというすごく恵まれた環境にある場合ですよね。そうでない子たちはどうしたらいい？

エリック　うーん。そうなってしまうとやっぱり音源を集めて聴くしかないでしょうね。

——**今の子たちは、誰かアーティストに憧れてレコードを聴きまくって真似をするということがあまりないのかもしれません。自発的に憧れていないと、先生にこれを聴けと言われても身体に入ってこない。**

エリック　やっぱり、何よりも感動を得られるのは、生の音楽だと思うんです。だから、顧問の先生や親御さんがいろいろなところに連れて行ってあげなければいけないと思う。僕たちの世代が音楽にパッションを持ち続けているのは、やっぱり本当に好きだからじゃないですか。そういう意味で、今の吹奏楽部の子どもたちはどうなんだろうなというところがあります。音楽が本当に好きなのか、それとも合奏してみんなとやっているのが好きなのか。楽器をやるんだったらソロというのがいちばん憧れだと思っていたのですが、そうでもない子が多いんです。目立ちたくないという理由で。「楽器をやっているのにどうして目立ちたくないの？」って思うんですけど。

　昔は、音大生くらいになると、モーリス・アンドレっぽく吹くなどの物まねができたものです。この人はこういうヴィブラートで歌うとか、こういったリタルダンドをするとか、音色はこんな感じでというのをレコードを聴いて研究していたんです。今の子たちも、憧れのプレイヤーを見つけて真似をするといいですね。

G-3 アンサンブルの質を高めよう

　金管楽器の楽しみは、合奏やソロだけではなく、仲間とアンサンブルをするところにあると言ってもいいでしょう。ここでは、エリックさんに、アンサンブルで重要だというリズムの話を中心にお話をうかがいましょう。

POINT 1　メンバー全員が曲のテンポ感をしっかりと持つ

——エリックさんは、学生のころにアンサンブルの体験はありましたか？
エリック　ありますよ。ハワイにもアンサンブルコンテストみたいなものがあって、中学生のときにデュエット部門とアンサンブル部門に毎年出場していました。トランペット・デュエットとか金管五重奏とか。父親が《スターウォーズ》の組曲を金管十重奏と打楽器に編曲したものを演奏したりしていました。
——日本にいらしてからも、いろいろなブラスアンサンブルに参加していますよね？
エリック　ええ。現在は侍BRASSで吹いていますが、それ以前もいろいろな団体に参加しました。
——アンサンブルで吹くときは、ソロやジャズで吹くときと吹き方は違いますか？
エリック　違いますね。ジャズやポップスは、「ワン、ツー、ワンツースリーフォー」っていうカウントで始めるけど、クラシックの場合は、予備拍だけで始めなければいけないから、指揮者がいないアンサンブルでは、メンバー全員がその曲のテンポ感をしっかりと持っていなければいけません。ふだん練習しているテンポを身体に馴染ませるという作業をしなければいけないんです。吹奏楽のコンクールでも、テンパってテンポが速くなってしまっている演奏はよくあるじゃないですか。アンサンブルの場合も、みんなが緊張すると、テンポが走ったりブレたりしてしまうので注意が必要です。

POINT 2　リーダーがアンサンブルを仕切るべき

——アンサンブルが乱れたときはどうすればいい？
エリック　そのアンサンブルのリーダーが、しっかりとしたリズム感を持っていて、どんな状況でもブレないようにするべきでしょう。リーダーにはそのための精神力が必要だと思います。アンサンブルが乱れたときは、音で伝えることができないので、トランペットだったら楽器を上下に振るなどして、リーダーが視覚的に合図をするしかありません。
——リーダーが統制するということですね。アンサンブルというと、メンバー全員が聴き合って合わせるというイメージがありますけど。

G 音楽表現テクニック編

エリック もちろん聴き合うことは大切ですが、リーダーシップをとるのは1人の方がいいと思います。複数の人が互いに引っ張ってしまうと収拾がつきません。たとえ間違っていたとしても、他のメンバーはリーダーにロックオンするしかないと思うんです。

――でも、子どもたちの場合、誰がリーダーになればいいかわからないかもしれません。最上級生がテューバだから、テューバ奏者がリーダーになるというわけにもいかないのでしょうし。

エリック やはり、ベルが前に向いているトランペットがリーダーになるのが自然だから、そこは割り切って、ステージに上がったら先輩・後輩というのに関係なく、トランペットの人がリーダーになって仕切るべきでしょう。もちろん、曲によっては例外もあると思うので、そこは柔軟に考えなければいけませんが。

POINT 3 アンサンブルでいちばん大切なのはリズム

――アンサンブルでもっとも気をつけなければいけないことは何だと思いますか?

エリック 僕は、アンサンブルでいちばん大切なのは「リズム」だと思っています。どんなに音程が合っていても、どんなに音色がきれいでも、リズムからはずれた音を聴くのはつらい。人間は時間を感じながら生きているものなので、リズムがすごく重要なポイントになると思うんです。単に、メトロノームで機械的に正確に演奏できるという意味ではありませんよ。盛り上がれば少し速くなるし、落ち着いたメロディになれば少し戻るという感じで、音楽表現のなかの一環としてあるものなんです。

POINT 4 音の語尾もリズムに合わせて切る

――管楽器のアンサンブルの場合、打楽器等のリズムセクションがいないことが多いから、メンバー自身がしっかりリズムを感じていなければいけないというのもあるのでしょうね。

エリック そうなんです。アンサンブルで合わせるというと、みんな、音の頭ばかり合わせて、音の語尾をあまり合わせていません。音の頭はもちろんですが、音の語尾もちゃんと曲のリズムに合わせて切る作業をしなければいけないんです。やったとしても、長い音の方しかやっていなくて、短い音の語尾の解釈というものが合っていない場合が多い。たとえば、テューバの響きの残り方や発音のタイミングは、トランペットと違う感じに聴こえてしまうので、アンサンブルの練習のときには、語尾の残り具合をポイントにして練習するべきだと思います。

――ロングトーンの語尾をそろえるだけでなく、細かい音の語尾も揃えなければいけないということですね?

エリック ええ。それも、単音だけではなくて、込み入ったリズムの音の語尾にも注意しなければいけません。たとえば「ブッパッパ、ブッパッパ」のように受け答えのフレーズで、前の音の響きが残ると和音が濁ってしまいますからね。逆に、音が短かすぎて、和音の色が出ていないまま切れてしまうのもよくありません。やはり、メンバーみんなで音価を合わせることを考えながら練習するといいでしょう。

G-4 他のパートが聴こえる耳を育てよう

　G-3はアンサンブルにおけるリズムの合わせ方の話でしたが、ここでは、その続きとして、アンサンブルや合奏で他のパートを聴く重要性やその訓練方法についてエリックさんにお話ししていただきましょう。

POINT 1　自分のパートだけでなく全体像を把握する

——アンサンブルは指揮者がいないから、長くのばした音のあとに入ってくる人がテンポをつかみずらいというのはありますよね。
エリック　そうなんですよ。みんなどうしても歌い込むと音が長くのびてしまって、次の拍に入り込んでしまうんです。やはり、アンサンブルの全体像を眺めて、自分のパートの前後で何が起っているのかを常に把握していなければいけません。他のパートの勉強が必要不可欠だと思います。
——自分のパートを暗譜するよりも、他のパートを知る方が大事？
エリック　ええ。暗譜のときって、自分のパートだけ集中して覚えてしまって、他のパートを聴いていないということが多いので、ガイドみたいに他のパートの譜面を見た方が、音の語尾などを聴く余裕が出ると思います。
——入手しやすいのに、アンサンブルでスコアを見ていない人は多いかもしれません。
エリック　本当にそう思います。絶対に全員が責任を持ってスコアを見るべきなんです。金管五重奏ぐらいだったらスコアはそんなに場所をとらないから、練習のときに譜面台の脇に置いておけばいい。そうすれば、お互いにチェックし合えるので、練習がスムーズに進みやすいと思います。これは、編成の大小とか関係なくすべての合奏に言えることです。

POINT 2　他のパートを聴くように意識する

——他のパートを聴くと言っても、演奏会場や配置によって聴こえにくいパートもありますよね？
エリック　客席で聴いたりCDで聴いたときと合奏の中に入ったときの聴こえ方はかなり違うので、それに慣れなければいけません。ホールでは、やまびこみた

G 音楽表現テクニック編

いなリバーブがかかって聴こえて、それに惑わされやすいので、自分の中にしっかりしたリズム感が必要になるし、聴こえてくる音像の中から「ここからはテューバと一緒だ」「ここからは2番トランペットと一緒だ」とか、自分がそのときに合わせなければいけないパートの音を聴き分ける必要があります。

——そのためにはどうしたらいい？

エリック やはり、聴き上手になるということが大切なんです。人間の耳というのは、周囲がうるさい中でも、集中すると、目と同じように聴こうとしているものに焦点が合うんですよ。意識して聴こうと思えば聴こえてくるようになります。

POINT 3　特定のパートを聴き取る訓練をする

——具体的には、どのような訓練をするといいでしょうか？

エリック 僕がクリニックなどでお勧めしているのは、とにかく1日1曲でいいから新しい曲を聴いて、「よし、今日はこのパートにロックオンして聴いてみよう」という感じで1つのパートに集中して耳を訓練すること。オーケストラの曲を1回聴いて「やっぱりカラヤンはすごいな」ではなくて、1つの楽章を何回も聴いて、聴く度に、1回目は弦楽器を聴く、次は木管楽器を聴く、その次は金管楽器を聴くというふうにテーマをつくって聴くんです。僕自身、コンサートでそういう聴き方をしていますよ。

——なるほど。映像で鑑賞しているときも、アップになった楽器のパッセージが耳に入ってきたりしますよね。マーラーの交響曲で木管楽器にベルアップの指示があるのも、その効果を狙ったのかもしれません。物理的な音量も多少は増すのかもしれないけど、聴衆の視覚に入ることによって聴こえてくるというか。

エリック そう。それと同じなんです。そういった意味で、練習と一言で言っても、「吹く練習」だけでなく、「聴く練習」、それから、スコアを見るなどの「見る練習」をしなければいけません。

POINT 4　スコアを眺めながら目で追って曲を聴く

——スコアに関しては、自分が演奏するときだけでなく、CDとかを聴きながら眺めても勉強になりますよね？

エリック 僕は、バークレーの音大に通っていたときに、学生が5ドルで見ることができるボストン交響楽団の公開リハーサルがあったので、スコアを持ってよく聴きに行っていました。日本みたいに小さいポケットスコアはなかったから、大きなフルサイズのスコアを持ち込んで（笑）。

　面白かったのは、スコアを見ないで聴いたところを、もう一度スコアを見て音を追っていると、見ているパートがはっきりと聴こえてくるんですよね。「このパートはこうなっている」という目から得る情報の助けによって、たくさんの楽器が鳴っているなかから、自分が聴きたいパートやラインが聴こえてくるようになるんです。やはりスコアを持って聴くということは、僕はすごく良い練習だと思う。「吹く」ばかりが練習ではありません。「聴く」という力を身に付ける練習はとても重要です。ぜひみなさんもやってみてください。

Eric Album No. 7

ウェイン・バージェロン（写真左）と。バージェロンは、西海岸のスタジオプレイヤーとして、ハリウッドの映画音楽やテレビ音楽で活躍する。ビッグ・ファット・バンドのリードトランペット奏者。

H

メンタル＆スタミナ編

H-1 本番で緊張しないようにするには

　せっかくたくさん練習したのに、本番で緊張してしまって練習の成果が出せなかったという経験は誰にでもあるはずです。ここでは、本番であがらないようにする方法についてエリックさんにうかがってみましょう。

POINT 1　ミスを恐れずに開き直ることも大事

──本番であがらない方法があれば教えて下さい。
エリック　1人で練習しているときは緊張しませんよね。ということは、「ミスしたときにお客さんや仲間にどう思われるのか」という不安があるから緊張するんです。でも、お客さんは、ミスを聴きたくて音楽を聴きに来ているわけではありません。実は自分の味方なんです。味方に囲まれているのに、どうして緊張しなければいけないんでしょう？（笑）　自分に対する自己愛や余計なプライドがあるから緊張するんですよ。
──なるほど。それをなくすためにはどうしたらいい？
エリック　吹く前に1人になって考えてみればいいんです。「どうして緊張しているんだろう？」「誰に対して緊張しているんだろう？」「どの曲に対して緊張しているんだろう？」って。
　大事なオーディションとかはともかく、普通のコンサートだったら、間違えたとしても人が死ぬわけではないし、罰金をとられるわけでもありません（笑）。「だからいいじゃないか」と開き直ることも大切です。

POINT 2　練習のときに身体にミスを覚えさせない

──それはメンタルな問題ですよね。身体的にはどうなんですか？
エリック　身体的な解決法としては、無意識にできるようになるまで繰り返し練習して身体に覚えさせる方法があります。このとき大切なのは、E-1でもお話ししたように身体にミスした感覚を絶対に覚えさせないこと。
　練習だからミスしてもいいという気持ちでやっていると、身体はそれを覚えてしまう本能があるので、本番でもミスを連発してしまうんです。「もしかしたらこのあいだ練習したときみたいにミスするかもしれない」と考えて、自ら地雷を置いてしまう。それを踏むのは時間の問題なんです。練習のときも、ゲネプロのときも、常にお客さんが前にいることを想定して、完璧に仕上げなければ僕は効果的な練習とは言えないと思う。
──1年間ずっと練習してきたから、本番でミスするのが怖いというケースもあ

るのでは？
エリック そういうのもありますね。練習のやりすぎで集中力が落ちてしまう。安心して油断してしまうというのもある。
——吹奏楽コンクールでも、そういう状態になるのを避けて、途中で違う曲を練習する学校がありますよね。
エリック それはいいですね。同じ曲ばかりやっていると、ミスが生じた時点でそれがすごく目立ってしまう。違う曲をやるのはいいことだと思います。

POINT 3 本番前に違うことを考える方法もある

——初見に近い状況の方が、怖い箇所に気が付かずに吹けてしまうということもありますよね。練習して怖さがわかると、その前で無意識にブレーキをかけてしまう。
エリック やはり、考えすぎてしまうのがよくないんです。スタジオの仕事でも、初見のときの方がうまくいくことが多いんです。「よしっ」と思って本番になると変なところでミスをする（笑）。
——無我夢中で走っていれば吊り橋を渡ることができるのに、止まって下を見たら怖くなって歩けなくなるのと同じかもしれません。
エリック そうそう。緊張しないようにと考えると、かえって緊張してしまう。そういうときは、違うことに自分の注意を逸らすことが大切です。
　元シカゴ交響楽団のアドルフ・ハーセスは、マーラーの交響曲第5番の本番で、ソロのぎりぎり前まで隣りの奏者とくだらない話をしていたそうです。「昨日こんな大きな魚を釣ったんだよ。あっ、ちょっと待って」と言って、「タタタターン」と冒頭のソロを吹き始める（笑）。あれだけの名手でも緊張感をコントロールしていたんです。

POINT 4 本番前に塩分や刺激物を摂取しない

——本番前に楽屋にいると、不安でつい余計に練習してしまいますよね。
エリック 緊張しないようにするためには、本番前に軽い運動をすることがおすすめです。会場の周りを早歩きで一周するだけでも、かなりアドレナリンが消費されて緊張しなくなります。あとは、仲間と一緒にワイワイ遊ぶのがいい。1人で考えていると自分を追いつめてしまいますからね。
——本番前に食べる物は影響しますか？
エリック 塩分や刺激物がよくありません。塩分は水分を吸収してしまうから、喉がカラカラになってしまう。あと、唇に醤油や塩が付いてしまうと荒れてしまいます。
——どういうものを食べたらいいですか？
エリック クリーム系のパスタとかサンドウィッチがおすすめです。本番当日だけでなく、本番に向けて体調を整えるために、前日からお酒や塩分の強いものは避けた方がいいでしょう。
——中高生はお酒は飲みませんけど、飲み物でもよくないものはありますか？
エリック 冷たいお茶やウーロン茶は大敵です。麦茶はカテキンやカフェインが入っていないから問題ありません。

H-2 練習でバテない方法を考えよう

　金管楽器の場合、長時間練習するとバテてしまって、唇が痛くなったり音が出なくなったりするというトラブルが発生しやすくなります。本番はもちろんのこと、練習でもバテないようになりたいと思っている人は多いでしょう。ここでは、バテないで効率良く練習する方法をエリックさんにうかがってみることにしましょう。

POINT 1　疲れる前にこまめに休むことが大事

――どうしたらバテないで吹くことができるか悩んでいる人は少なくありません。

エリック　金管楽器を吹いていてバテた状態というのは次の2つが考えられます。1つは、唇がマウスピースに圧迫されることによって鬱血してしまい、振動する部分がうまく機能しなくなった状態。もう1つは、唇をコントロールする周囲の筋肉が疲れてきて、筋肉のなかに疲労物質がたまり、筋肉がうまく伸縮できなくなった状態。

――そういう症状にならないようにするためのコツみたいなのはありますか?

エリック　ハイトーンや大きい音など瞬発力が必要なものとは違い、マラソンのような持久力が求められるわけですが、持久力に関しては「休む」ことが重要です。

――休まずに長時間練習した方が持久力がつくと思っている人は多いかもしれません。

エリック　長く吹いたから唇が強くなるとか持久力がつくというのは完全に間違い。逆に、短い時間の練習をこまめに数回やる方が持久力やスタミナにつながるんですよ。以前、マラソンの高橋尚子さんとご一緒したことがあって、そのときに「トランペットをやっているんですけど、マラソン選手みたいに長く吹くためのアドバイスはありますか?」って聞いたことがあるんです。そうしたら、マラソン選手が練習するときは、走り始めて少しでも疲れそうな兆候がみられたらすぐに休むというんです。ただし、休んでいると言っても、歩いたりして、身体の動きは止めていないらしい。

――停車しているけれど車のエンジンは回しているみたいな感じ?

エリック そうそう。完全に止めてしまうと、筋肉が冷めてしまい、また暖めるのが大変ですからね。休んできちんと復活したら、また同じことを繰り返すんだそうです。

要するに、疲れていないでずっと走っている状態を練習のときに再現しているわけです。「トランペットも筋肉を使うから、やってみたらどうですか」と高橋さんにアドバイスされました。

POINT 2　常にバテていない状態で練習する

——楽器の練習でも同じことが言えるわけですね？

エリック ええ。以前、モーリス・アンドレに「あなたは何時間練習しているんですか？」って聞いたことがあるのですが、「私はそんなに集中力がないから、せいぜい20分吹いたら、1時間ぐらいワインを飲んだり息子と話をしたりテレビを見たりして、それが飽きたらまた20分ぐらい吹く。そういう感じだよ」と言われました。やはり同じなんだなと思いましたよ。練習しているときにバテていない状態でやることで、本番のときにバテていない状態を再現できるわけです。良い状態を身体に覚えさせる。そこが大切なんです。

——トランペットを練習しているとき、これが始まったら休まなければいけないという注意信号みたいなものはありますか？

エリック やはり、うまく音があたらなくなったとか、唇の反応の鈍さを感じたりしたらそれが注意信号でしょうか。でも、そこまでいってしまったら、もうバテ始めているわけですけど（笑）。だから、疲れていなくても休むというくせをつけた方がいいでしょう。

POINT 3　休んでいる間に次の吹き方を考える

——エリックさんはどのくらいの時間吹いてから休んでいますか？

エリック トランペットで20分ってけっこう大変ですよね。アンドレはスタミナがあるからそういう言い方をしたと思うけど、僕としては5分ぐらいで充分だと思います。たとえば、5分吹いたら10分休む。休んでいる間に、自分が吹いたことを思い出しながら、次はどういうふうに吹いたらいいか考えるといいんです。練習した内容が身体に浸み込む時間を与えてあげることが大事。次から次にエチュードを吹いて、やったことを身体が忘れてしまうよりも。

——吹いていないときに、前に吹いたものを反省して、次にどういうふうに吹いたらいいか考えることが重要だということですね？

エリック ええ。本番で音楽に集中するためには、無意識にできるようにしておかなければいけません。たとえば、コップを持とうとするとき、何も考えないじゃないですか。手をこういう形にして、こういう角度で握って、重さを感じたらこのぐらい上げるとかは考えない（笑）。無意識にやっているから、話しながらでも飲むことができるわけです。楽器を吹くこともそれと同じにしなければいけないんだけれど、繰り返しの練習のなかで次々と新しいことをやってしまうと、身体が覚える時間がなくなってしまう。だから、5分吹いたら10分は何もしないで、譜面を見ながらどうやって吹いたか思い出すことが大事なんです。

H-3 唇がバテない方法を考えよう

本番のときはもちろん、練習のときも、唇がバテなければいいと思っている人は多いはずです。ここでは、唇がバテにくくなる方法についてエリックさんにお話ししてもらいましょう。

POINT 1 鍛えるのではなく敏感にする

——唇をバテにくくするためにはどうしたらいいでしょう？

エリック 疲労した筋肉、神経、細胞を回復させるためには、新鮮な酸素と血中の栄養分が必要です。それがなければ、どんどん疲労物質がたまっていってバテてしまう。やはり血行が重要なんです。なので、常に唇の血行が良い状態をつくらなければいけません。

——血行を良くするためにはどうしたらいい？

エリック 「ポンピング」をするといいでしょう。人が「動く、休む」という動作を繰り返すと、血が流れたり止まったりを繰り返す「ポンピング」の状態になります。これによって「ここはよく使うところなんだ」と身体が認識して、毛細血管や神経が敏感になるそうなんです。何日か演奏していないと感覚が鈍くなるじゃないですか。短い時間でいいから毎日吹くことで良い状態が保たれるんです。

——なるほど。毎日練習する意味はそこにあるわけですね。練習すると筋肉が鍛えられると思っている人が多いけど、ちょっと違う？

エリック 違います。顔や口の周りの筋肉というのは、足や腕の筋肉みたいに使えば使うほど繊維が太くなるわけではないんです。だから、鍛えるのではなく、感覚を敏感に保つという感じでしょうか。このことを誤解して、筋肉を鍛えるためにひたすらロングトーンやリップスラーをやるという根性論ができてしまっているけれど、それは良くありません。

——具体的にはどういう練習をすると効果がありますか？

エリック さきほどのポンピングをすればいいんです。バズィングとかしなくていいから、口を思い切りぎゅっと締めて、その状態を20秒ぐらい続けてから、リラックスして唇をブルブル震わせる。このセットを1時間の練習の中で1〜2分やればいい。これをするだけでかなりバテが軽減されると思います。

H メンタル&スタミナ編

POINT 2 マウスピースを当てていることも大事

——バズィングはどうですか？

エリック　A-4でお話ししたように、マウスピースを当てないで唇だけ振動させる「フリーバズィング」がお薦めです。もちろん、これは、ふつうに吹いているときのアンブシュアとは違う状態で唇を無理やり振動させているので、やり過ぎはよくありませんが、ある程度唇の周辺の筋肉の活性化にプラスになると思います。

——あくまでも、楽器を吹いているときとは別のものととらえてやるんですね？

エリック　ええ。あと、自宅や車の中など、楽器で音を出すことができないときは、マウスピースを口に当てて、ある程度プレスしてやるといい。「メタルコンタクト」といって、ふだん使っている道具を持つことが大切なんです。ピアニストがテーブルを鍵盤に見立てて叩いているのと同じです。こうすることで、感覚や無意識の身体の動きを忘れないで保てるようになります。

——音を出すことができないとき、唇を振動させないで息を出しながら口の中の形だけ吹いているような状態にして曲をなぞることはよくやります。

エリック　それはいいですね。音が出ないから、歩きながらやっていても「あいつ変な顔をしているな」と思われるぐらいで（笑）。

POINT 3 エアトランペットで擬似的に練習する

——楽器を吹くことができないときでも、頭の中で曲をイメージするのは有効でしょうね。

エリック　そのとおりです。すべてをコントロールするのは脳なので、頭の中にある音楽のイメージみたいなものを毎日活性化することが重要です。具体的には、頭の中で曲を流して、そのフィンガリングを叩くとか。そうすることで、演奏している状態を擬似的に再現できるわけです。

——エアトランペットですね？（笑）

エリック　まさにそう。実際に吹いて練習することができないときは、こういうことをするのが有効です。これは僕が入っていたバンドのリーダーだったバディ・リッチに聞いたんですけれど、サックスの名手だったジョン・コルトレーンと一緒にツアーに行ったとき、コルトレーンは、旅行に出る前にホームセンターに行ってほうきを買ってきたそうです。

——ほうきですか？

エリック　そう。ほうきの下の刷毛みたいなところを取ってしまい、画鋲や瓶の王冠を取り付けてサックスのキーを再現したそうなんです。それを、移動のバスや飛行機に持ち込んで、ずっと頭の中で曲を歌いながらフィンガリングの練習をしていた。エアサックスじゃないけれど、そうすることで、頭の中のイメージを常に活性化していたんです。

——楽器があるときでも、指だけ練習するなら、わざわざ吹かなくてもいいですよね。

エリック　そうですね。指の練習だけのために何度も吹いたらバテてしまいますからね。そういう練習をするとき、実際に楽器があるかどうかは大きい。指をカチャカチャいわせているだけでも頭の中でイメージしやすいんです。

H-4 本番でバテたときの対処法を考えよう

　やはり、いちばん心配なのは本番のステージでバテてしまうことでしょう。どんなに準備したとしてもバテてしまうことはよくあるはずです。ここでは、本番のステージでバテない方法についてエリックさんにお話ししてもらいましょう。

POINT 1　自分の限界を知ってペース配分する

――吹奏楽のステージは長時間吹きっぱなしできついので、どうしたら本番でバテないか悩んでいる人は多いと思います。何か良い対処法はありますか？

エリック　やはりまずペース配分でしょうね。野球のピッチャーで言う、自分が持っている球数のようなものをきちんと把握して、ペース配分しなければいけません。具体的には、自分がどこまで吹いたらダメなのか限界を知っておけばいいと思うんです。

――どうしたら限界がわかる？

エリック　それはやはり経験から来るものじゃないですか？　ステージで失敗することで知ることができる。人間というのは、失敗をすることでいろいろなことを学んでいくものですよ。何か熱いものを触ってしまって大変な目に遭ったら、もう触らなくなりますよね？　本能的に、ここまで吹いたらもうダメだという経験をすれば、その手前でわかるはずです。

　こういう経験は大切だと思うんです。本当にバテた状態はどういうものなのか、とりあえず現実的に知っておくことが。

――それを知った上でペース配分をするということですね。

エリック　はい。本番当日になったら、ゲネプロ、音合わせ、本番のペース配分の作戦を立てることが大切です。リハーサルで張り切って、本番はバテてしまったのでは意味がありませんからね。根性でやってもしかたない。でも、子どもたちって根性で吹いてしまうんですよね。

POINT 2　バテてしまったときの対処法を用意しておく

――本人が望んでいなくても、根性で吹かされる場合がありますよね。リハーサルで手を抜くのが許されなかったり。

エリック　先日、ある高校の吹奏楽部のコンサートにゲストで出演したのですが、2日間4ステージだったんです。案の定、トランペットのトップを吹いている子

が2日目に音が出なくなってしまって、リハーサルから泣きじゃくっていました。先生に相談されたので、その子を控え室に連れて行って見たら、唇が真っ赤に腫れて、僕と目が合わせられないぐらい精神的にパニックになっていたんです。とにかく「1つのパートに3人いるじゃない。だから今日は2人に任せてユニゾンの部分を絶対に吹かないように」とアドバイスしました。

　それから、「無理やり吹かないようにして、一歩後ろに下がった状態で吹いてごらん」とか、いろいろ細かいことを教えました。気持ちが焦っているから、そういうアドバイスをすることによって違うところにフォーカスが向いて、改善されるんです。あと、腫れをとるためにアスピリンという薬（消炎鎮痛剤）を渡しました。確かに、この薬は効果があるんですけど、それ以上に、これを飲んだということで精神的に安心するという効果もあります。結局、その日のステージを最後まで吹き切って、終わったら最高の笑顔でしたよ。

——**精神面、ペース配分、腫れの対処など、多角的に対処したわけですね。**
エリック　ええ。やっぱり、僕たちラッパ吹きは、80％以上気持ちが左右するじゃないですか。バテもそうなんです。だから、精神面の部分の対策は大事。

　けれども、それとは別に、「唇がダメになったらこうする」というプランB、プランCなど、作戦をたくさん持っていなければいけません。ただ根性だけで吹くとか、気力だけで吹くというのはよくありませんからね。気力だけで吹くことになると、腕力や息の力だけで出したり、唇を無理やり巻いて音を出したりしてしまう。やはり、そこまでいかないようにするのが無難ですよね。ペース配分と日頃のコンディションキープを大事にしなければ。

POINT 3　休んでいるときに唇や筋肉をほぐすことも大事

——**言い方は悪いかもしれませんが、本番で上手に手を抜くことも大事ですよね。**
エリック　そうですね。吹奏楽部の演奏を見ていると、休んでいる子がいないじゃないですか。人数を減らした方が良いサウンドがするようなところでもみんなで吹いていたりする。それで1人1人の音量を抑えなくてはいけなかったりするわけです。実は pp で吹く方が消耗が大きいんですよ。そういうバンドを見ていると、ちょっとかわいそうになってしまいます。

——**どうしても、休んでいると手を抜いていると思われがちですからね。でもスタミナを温存するためにも交代で休んだ方がいいですよね。**
エリック　もちろんです。あと、吹いていないときに、唇の血行を回復させるために、唇をブルブル震わせる「フラッピング」をするといいです。客席に音は聴こえないようにして。あとは、口周りの筋肉のストレッチもおすすめです。マッサージするように動かすといい。

——**正座と同じで、ずっと同じ姿勢をしているのがよくないから、それをほぐしてやる感じ？**
エリック　そうですね。緊張すると顔が硬くなってしまって表情が変わらなくなってしまうんです。調子が良いときの顔ってニコニコしているじゃないですか。表情を良くするだけでも良い結果が得られると思いますよ。表情が良い方が聴いている方も気持ちよく聴けますし。

H-5 ダブルバズの症状を克服しよう［原因編］

トランペットを吹いていて、唇が疲れているときなどに、本来の音とは別に低い音が同時に鳴ってしまう現象が起きてしまう経験を持つ人は少なくないのではないでしょうか？「ダブルバズ」というこの現象の原因と克服法について、エリックさんにうかがうことにしましょう。

POINT 1 ダブルバズが発生しやすい音域を知る

――調子が悪いときに音が同時に2つ出てしまうような症状になる人がいますけど、あれは何が原因で起きるんですか？

エリック 「ダブルバズ」ですね。日本では「ドッペル」と言ったりします。原因はいろいろあるのですが、1つは、管の長さと鳴っている音がズレていることで、無意識のうちに無理が生じてアンブシュアを崩してしまうというのがあります。それで振動体が同時に2つ鳴る現象が起きてしまう。

――管の長さと鳴っている音がズレているというのは、本来鳴るべき音程とは違うところで鳴らしているということ？

エリック そうです。トランペットの上のレ（実音C）からその上のラ（実音G）までの音というのは、自然倍音や楽器の設計の特性などの原因で音程に問題がある音域なんです。初心者がこの音域を吹くと、すごく音痴に聴こえるじゃないですか。僕らは、長年、年数をかけて練習することで、楽器の本来の音程を無意識のうちに修正しながら吹いているんです。なので、そこで生じた無理によって、ダブルバズなどのトラブルが発生しやすい。

POINT 2 口ではなく替え指やトリガーで音程を修正する

――そのトラブルを回避するためにはどうしたらいいですか？

エリック まずは、自分が楽器のツボとどれくらいズレて吹いているのかを知ること。自然倍音の特性でどの音が高くなるのかなど楽器のくせも知っておかなければいけません。メーカーの設計方針によって特定の音の音程が高かったり低かったりするので、それも把握しておく必要があります。

それがわかったら、口で修正する前に、替え指や第1トリガーなど管の長さで

修正する方法を試みてください。

──口で修正するとアンブシュアに無理がかかるから、替え指やトリガーによって管の長さを変えることで対応するわけですね？

エリック そうです。子どもたちを見ていると、1番トリガーの使い方がほとんどわかっていないように思います。先生や先輩から「1-3と1-2-3のときはトリガーを必ず抜きなさい」と言われて、第3トリガーをただ抜いているだけで、どのくらいの長さを抜かなければいけないかわかっていない。本当はもっと抜かなければいけないのに、たいていの場合は足りていないんです。手が小さいとかいろいろ問題があるのかもしれないけれど、抜き方が足りない分を口で修正しているので、すごくぶら下がって死んだような音になって、音色にムラが出てしまっている。

POINT 3　チューナーでチェックして自分のくせを知る

──確かに第1トリガーを使いこなしている子はほとんど見かけませんね。どのようにして練習していくといいでしょうか？

エリック 1人で練習しているときに、あくまでも参考という気持ちでチューナーを置いて、倍音や楽器のくせをチェックするといいでしょう。それで、本来は高くなる音や低くなる音を、替え指やトリガーで調整する方法を試行錯誤して見つけなければいけません。

──そうやってチューナーでチェックしても、口で直すと、楽器の本来のツボからずれたところを鳴らすことになってしまうわけですね？

エリック そうなんです。子どもたちにマウスピースでバズィングの練習をさせるという先生はたくさんいらっしゃいますが、そうやっていくら音感が鋭くなってアンブシュア操作が上手になっても、楽器に戻ったときに、ズレているところを無理矢理口で修正しまうと、「音色のムラができる」「疲れやすくなる」「音がはずれやすくなる」という症状が出てしまう。このことはよく知っておいてもらいたいですね。ピッチも音色もトータルで考えてほしい。ツボからずれたところで吹いていると、チューナーでは合っているのに、なにかハモらない音になってしまいます。

POINT 4　合奏では聴覚と視覚でチェックする

──合奏のときはどうしたらいい？

エリック 基本的には、チューナーに頼るべきではありませんが、何回かは「自分が今どうなっているか」というのを視覚的にチェックした方がいいかもしれません。自分が疲れたとき、どういう症状が出るのかということを知っておくために。先ほども言いましたが、チューナーのメーターでは合っていてもずれて感じることもあるので、聴覚と視覚の両方の度合いを情報として知っておいた方がいいでしょう。メーターで合っているけど「何か変だな」というときは、やはりどこかで無理をしているわけです。無意識に口で変えていたり。そこで今度は替え指を使ったら楽に合うようになったという発見が絶対にあると思うので、試行錯誤してみてほしいんです。チューナーで合っていたから安心ではなく、合っていても違和感があったら、その原因を排除するようにしてみてください。

H-6 ダブルバズの症状を克服しよう［対処編］

H-5はダブルバズが発生する原因についてのお話しでしたが、ここでは、ダブルバズが発生するメカニズムとその対処法をエリックさんに教えてもらいましょう。

POINT 1 ダブルバズが発生するメカニズムを知る

——再確認ですが、音が2つ同時に鳴ってしまう「ダブルバズ」という現象はどういうメカニズムで発生してしまうんですか？

エリック H-5でお話ししたように、実際に出そうとしている音と管の長さがずれているときに、無意識に口で修正していると、アンブシュアを崩してしまって2つの振動体が同時に鳴る現象が起きてしまうのが原因です。管の長さがずれていると、音自体が管の中で共鳴しにくいので、抵抗が唇に戻ってきて唇の開閉がうまく機能せず音が止まってしまうという症状もあるようです。

——うまく音が出ないから、無理矢理鳴らそうとして「ダブルバズ」が発生してしまうケースもありますよね？

エリック ええ。鳴りにくいから息の圧を増やしてしまい、唇の開閉が戻ってくる波と同調しなくなって、唇が開き切ったままになりプスッと音が出ない状態になるのでしょう。

POINT 2 音程と音色の両方を考えながら吹く

——「ダブルバズ」にならないようにする方法はありますか？

エリック まず、管の長さと出そうとする音の誤差を少なくすること。音程だけでなく音色にも耳を使うことが大事です。音程と音色というのは無関係ではありません。音色の良い人は音程も良い。すごく硬い音とか暗い音で吹いている人は、音程が悪い人が多いんです。だから、チューニングするときも、音程と音色の両方を考えながらする習慣を身につけた方がいいでしょう。

——楽器を選ぶときに、倍音の並び方がずれていないかチェックすることも重要ですね。

エリック そうですね。マウスピースとの相性でも変わってきますので、気をつけてください。マウスピースを購入するときもチェックするようにしてください。

POINT 3 バテたときに息を入れ過ぎないようにする

エリック 「ダブルバズ」にならないようにするためには、もう1つ、息の入れ過

H メンタル&スタミナ編

ぎに気をつけなければいけません。僕たち金管楽器奏者というのは、何かがうまく機能していないときに、ついつい息を入れてしまう習性があるんです。何でも息で解決しようと。

——確かにそうですね。唇の振動がうまくいっていないときでも、大きく息を吹き込んで無理やり鳴らそうとしてしまう。その結果、バテてしまってダブルバズが発生することもありますよね。

エリック はい。バテて唇自体が鬱血すると、唇が開いたまま戻ってこなくなってしまう。そこで、マウスピースを押し付けて戻そうとしたり、唇を引っ張って張りを持たせようとする。でも、唇は、吹き過ぎてバテると伸び切ったゴムみたいになってしまうので、弾力性のないものに息の圧力をかければ、いろいろなところが振動してしまうわけです。

——なるほど。「ダブルバズ」が出たら、吹き過ぎの危険信号だと思えばいいわけですね?

エリック ええ。そうなったらすぐにやめるしかないと思います。

POINT 4 歯並びと楽器の角度を不自然にしない

——バテていないのに、わりとすぐに症状が出てしまう人もいますよね?

エリック いますね。マウスピースと歯の角度が自然に取れていないため、上下の歯がバランス良く支えていない人にそういう症状が出るケースが多いように思います。

——自分の歯並びに対して楽器の角度が不自然だと、間に挟まれた唇に負担がかかったり、支えがなくなったりするということ?

エリック そうです。理想としては、上の前歯の2本、下の前歯の3本もしくは4本で、マウスピースのリムを平等に支えてあげるべきなのですが、生まれつきの歯の角度の都合で楽器の角度が下がっている方が楽な人に対して、「もっとベルを上に上げなさい」とか言うと、下の歯の支えがなくなって上の歯だけで支える状態になり、息の圧を上げると下唇が共鳴してしまってダブルバズになってしまうんです。

POINT 5 息は必要な量だけを使うようにする

——「息はできるだけたくさん吸ってたくさん吐かなければいけない」と思っている人が多いことも背景にあるのかもしれませんね。

エリック もちろん、長い音のときは、息の量が必要になるのでたくさん吸わなければいけません。でも、圧力に関しては、息の量は逆に必要ないんですよ。常に「フルでたっぷり吸いなさい」というのは間違い。フレーズに合った息の量だけを吸うということを、ふだんの基礎練習で体感して覚えるようにするといいでしょう。

——奏法も音色も音程も自然であることを目指さなければいけないということですね?

エリック そうです。ひたすら根性で練習するのではなくて、常に音楽のことを考えながら練習すればいいんです。

Eric Album No. 8

ピーター・アースキン（写真右）と。アースキンは、アメリカのジャズ＆フュージョンドラム奏者で、作曲家でもある。

I
楽器編

1-1 楽器のメンテナンスに気を遣おう

良い演奏をするためには、自分の身体だけでなく楽器のコンディションも最良の状態にキープしていなければいけません。ここでは、楽器のメンテナンスのチェックポイントとやり方についてエリックさんにお話ししてもらいましょう。

POINT 1 抜き差し管がきちんと動くようにする

チューニングにも使う主管などはスムーズに動くようグリスを塗るが、ゆるすぎると振動のロスになってしまうので注意

――中高生などで、抜き差し管が硬くて抜くのがきつかったり、逆に、ゆるすぎたりする楽器を使っているケースをよく見かけます。

エリック 学校の備品のように長く使われている楽器は、頻繁に動かす主管チューニング管がゆるくなっている場合が多いのですが、振動のロスになって良い音がしなくなってしまうのでよくありません。その場合は、硬めのグリスを塗るか、楽器屋さんに持っていって調整してもらうといいでしょう。

――逆に、3番管と1番管のスライドが錆び付いていてトリガーがまったく動かないというケースもよくあります。そこを動かすということすら知らなかったりして。

エリック 3番管と1番管の動きが悪い場合は、金属磨きのようなもので内側の錆びを落とすといいかもしれません。スライド自体が歪んでいたり凹んでいたりすることもあるので、そのときは楽器屋さんに持っていって直してもらいましょう。

POINT 2 定期的に管の内部を掃除する

フレキシブルクリーナー（左）やブラスソープを使って、管の内部をクリーニング（写真はヤマハ製）

――楽器の内部が汚いまま使っている人も少なくありません。やはり定期的に掃除した方がいいですよね。

エリック そうですね。よく「唾抜き」と言いますが、実際は唾液ではないんですよ。身体から出た水蒸気みたいなものが下に溜まっているだけ。でも、身体の中からの体液なので多少のタンパク質は含まれているんです。なので、どんなにきれいにしているつもりでも、1～2週間経つと埃なども付着して緑色の膜みたいになるんです。

1 楽器編

これを避けるために、1週間に1回は楽器の中に水を通してやるといいでしょう。楽器をバラさなくてもいいので、ベル側かリードパイプ側から水を2回ぐらい通してあげる。そのあと、ケースに入れずに数時間置いて自然乾燥させたら、オイルを注してグリスを塗ってあげるだけで、きれいな状態を何ヶ月も保っているはずです。

――楽器を分解して掃除するのはどのぐらいの頻度でするといい？

エリック　半年に1～2回くらいは、全部バラして専用のブラシで隅々まで洗ってあげた方がいいでしょう。子どもたちが楽器の分解のやり方を知らない場合は先生が教えてあげたり、またはネットで調べて自分でやり方を覚えるといいでしょう。

POINT 3　自分に合ったオイルやグリスを見つける

――オイルやグリスはたくさんの種類が売られていますけれど、どれを選ぶといいというポイントはありますか？

エリック　人によって相性があるので、自分に合ったものを選ぶといいでしょう。

――相性というのは？

エリック　自分の体液との相性がありますので、実際にいくつか使ってみて具合の良いものを選ぶといいのではないでしょうか。あと、僕はオイルですごく音が変わると思うんです。よく、謳い文句で「長持ちするオイル」とかあるけど、長持ちするオイルはあまり音が良くないように思う。

――それはどうして？

エリック　オイルによっては、シリコンなど滑りやすくする成分を混ぜてあるので、それが音の振動の妨げになっていることが多いんです。あと、合成オイルというのは、フィルタリングの処理をかけて、オイルの分子を均等にしているということもある。

――分子が均等だと良くないんですか？

エリック　自然のオイルというのは、分子の大きさがさまざまなので、ピストンと楽器の間に隙間ができるんです。それが適度な響きを生み出すのですが、オイルが流れやすくてすぐに乾いてしまうという弱点がある。それに対して、分子を均等にした合成オイルは、密着する感じで乾きにくいんです。でも、隙間がまったくないので、共鳴しなくて音を止めてしまうという傾向がある。これも好みや相性なので、とりあえずいろいろ試してみて決めればいいと思います。

――グリスはどうなんでしょう？

エリック　グリスに関しても同じです。やはり、音や吹奏感に影響するので、いろいろなものを試してみるといいでしょう。

ヴァルヴオイルは様々な種類があるが、エリックさんのおすすめは自然由来のもの（石油系）。写真は石油系のPDQヴァルヴオイル

POINT 4　楽器の表面をきれいに保つ

――楽器の表面をきれいに保つにはどうしたらいいですか？

エリック　銀メッキ仕上げの楽器は、空気に触れただけでも酸化してしまうので、定期的に汚れを落としてあげた方がいいでしょう。シルバークロスのように磨き粉が塗り込まれたクロスがたくさん売っているので、そういうものでたまに拭いてあげるのがいいかもしれません。ラッカー仕上げの楽器の場合は、ちょっと湿っ

97

銀メッキ仕上げの楽器は使っていると酸化して黒ずんでしまうので、シルバークロス（左）などでたまに磨いてあげよう。演奏会前など特にきれいにしたいときにはシルバーポリッシュ（右）を使用する

たタオルか何かで拭いてあげるだけでいいと思います。

気になるのはマウスピースのカップの内側。専用のブラシを使って、吹き終わったら必ず水を通すようにした方がいいと思います。口に直接触れるものなので、清潔にしていなければいけません。

あと、カップの中が黒くなっているケースが多いけど、あれもよくありません。実は、あれは音の妨げになるんです。

——どうしてですか？

エリック 黒くなっているのは、酸化して酸化皮膜ができているのですが、顕微鏡で見ると表面が粗い状態になっているんです。なので、マウスピースの内部で起こっている音波の跳ね返りみたいなものの妨げになる。騙されたと思ってシルバークロスで磨いてみてください。必ず音が良くなりますから。

マウスピースの内側は、吹き終えたらマウスピースブラシ（左）などで常にきれいにしておくこと。ヤマハのマウスピースクリーナー（右）なども併用すると、カップ内を常に清潔に保てる

I-2 ピッコロトランペットを吹こう ［選び方編］

ピッコロトランペットには、管のレイアウトやピストンの数、シャンクの長さなどさまざまなバリエーションがあるので、購入するときにどういうタイプの楽器を選べばいいかわからないという人は多いようです。ここでは、ピッコロトランペットの選び方を中心にエリックさんにお話をうかがってみましょう。

POINT 1 楽器と自分に合ったマウスピースを選ぶ

——最近では、アンサンブルコンテストなどで中高生でもピッコロトランペットを使うようになりましたが、この楽器のことをよく知らないで悩んでいるという話をよく耳にします。使うときの注意点はありますか？

エリック ピッコロトランペットを吹く際にもっとも大切なのはマウスピースの選択です。楽器、マウスピース、奏者の3つのバランスがB管とはまったく違う

I 楽器編

ので、そこを見直さなければいけません。実際には、どんなマウスピースを選んでいいかわからなくて、楽器に付属しているものを使っているケースが多いみたいですね。付属のマウスピースの多くは、B管用よりカップがちょっと浅くてバックボアが細いのですが、やはり、付属を使うのではなくて、靴のサイズを選ぶような感じで自分に合ったものを選んだ方がいいでしょう。

——リムはB管用と同じものが良いと言う人もいますよね。

エリック ええ。でも、口径自体が小さめな方がピッコロらしく吹けるという考え方の人や、ピッコロのときだけはリムのバイトのエッジが立っていた方が扱いやすいと言う人もいたりして、人それぞれ好みが分かれます。なかには、ナチュラルトランペットを吹くときの平たいリムの方が高次倍音を出しやすいと言う人もいらっしゃいますし。

——B管とまったく同じマウスピースを使うのは良くない？

エリック アンサンブルコンテストのときに曲の中で数小節持ち替えるようなレベルだったら、同じマウスピースで吹くのも１つの方法かもしれません。でも、僕個人のやり方としては、まったく別物として考えて、マウスピース自体もB管とは違う設計のものを使うようにしています。

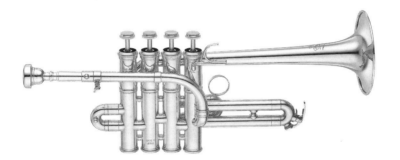

4本ピストンでいわゆるロングタイプのピッコロトランペット。写真はヤマハYTR-9835

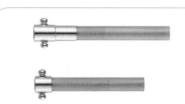

YTR-9835には、バックボアの短いコルネットシャンクのマウスピースに対応するマウスパイプ（上）と、バックボアの長いトランペット用に対応するマウスパイプが両方付属する

いわゆるショートタイプ・4本ピストンのピッコロトランペット、ヤマハYTR-6810S

ヤマハYTR-9820Cは3本ピストンの典型的なショートタイプだが、第3抜き差し管のロータリーヴァルヴを切り替えることで、A管でバロックのニ長調の曲などにある低いDの音を出すことができる

POINT 2　シャンクによる違いを知って選ぶ

——ピッコロトランペットのマウスピースには、B管と同じ長さの「トランペットシャンク」と短い「コルネットシャンク」とがありますよね。

エリック　ええ。トランペットシャンクの場合、マウスピースのバックボアが長いので、マウスピースの内部で起こっている振動の振動数を変えやすく、ある程度口での音程の調整がやりやすいという傾向があります。それに対して、コルネットシャンクは短いため、口だけによる音程の調整の幅は狭くなってきますが、反応と音色が良いんです。ピッコロらしい音になる。そこが、好みが分かれるところかもしれません。

——コルネットシャンクとトランペットシャンクは、歴史的にはどのように分かれたんですか?

エリック　いろいろな説があるのですが、コルネットシャンクというアプローチを最初に考案したのは、「楽器の管の長さが短ければマウスピースも短い方がいい」というフィリップ・ファーカスのメンズールの考え方を採り入れたシルキーなんです。具体的には、ヴィクトール＝シャルル・マイヨン(Victor-Charles Mahillon)というメーカーが製作した19世紀のピッコロがコルネットシャンクだったので、シルキーがそれを採用したというわけ。その後バックも採用していて、初期のバックのピッコロにはコルネットシャンクのものがあったんですよ。

——でも、トランペットシャンクを採用した楽器は多いですよね。

エリック　はい。設計上はコルネットシャンクの方が理想的なのですが、専用のマウスピースだとマウスピースの選択肢が少ないということで、多くの奏者がトランペットシャンクのピッコロを注文したんです。それでそちらの方が主流になってしまった。あくまでも好みの問題ですから、両方吹き比べてみるといいでしょう。

POINT 3　ピストンの数や楽器のタイプを理解して選ぶ

——ピッコロトランペットは、シャンクの違いだけでなく、ピストンも4本だったり3本だったりするし、いろいろなレイアウトのモデルがあるから、どれを選べばいいか悩んでいる人は少なくありません。どういう基準で選べばいいですか?

エリック　ピストンに関しては、4本ヴァルブの楽器がいちばん出回っているので、4本ヴァルブの楽器を選べばいいと思います。僕は3本ピストンの楽器を使っていますけど、音大生などが吹かなければいけないバロック時代のレパートリーでは、A管にしたときに下のDを出すために、4本は必要です。

——なるほど。あと、いわゆるショートタイプとロングタイプとでは、ベルの位置による聴こえ方の違いが大きい?

エリック　そこはあまり気になりません。ロング、ショートと言っても、ものの5cmもないぐらいの違いだと思うので。極端に長いC管のロングを除けば、吹いたときの感覚的なものはそんなに違いはないと思います。

——ボアサイズに関してはどうですか?

エリック ボアサイズは、M、MS、Sの3タイプしかありません。Lボアというのはもちろんありませんし、MLもない。形もボアも人によってまったく違う感想が出てくるので、「このタイプだからこう」と先入観を持たずに自分に合ったものを選べばいいでしょう。

I-3 ピッコロトランペットを吹こう［吹き方編］

ピッコロトランペットに関しては、楽器の種類や選び方だけでなく、どんな練習をすればいいのかなど実際に吹くときの情報も少なく、困っている人も多いように思います。ここでは、エリックさんにピッコロトランペットの練習方法や本番でうまく吹くコツについてお話ししてもらいましょう。

POINT 1 ふだん使っているエチュードを練習する

——ピッコロトランペットは、管が短くなるからオクターブ上の音が楽に出ると思っている人も多いかもしれません。

エリック 実は僕も中学生のときはそう思っていました。でも、実際は、普通のB管で出ない音はピッコロでも出ません。発音に関しては、もしかしたら高次倍音は出しやすくなるかもしれないけど、音量はB管のようには出ません。

——ピッコロを吹くときはどういう練習をしたらいい？

エリック これは持ち替え楽器すべてに言えることなんですけれど、無理のない範囲で、ふだん使っているエチュードをピッコロで吹いて身体の感覚を慣れさせること。それが第一条件だと思います。

——実音ではオクターブ上の音が出るわけですよね？

エリック ええ。クラーク金管教本の最初の部分とか、五線から出ない音域の練習曲を使ってやればいいんです。ほとんどの人は、ピッコロを練習するときに、与えられた曲のパートを吹くだけになってしまう。でも、それだけでは良くない。楽器と仲良くなれる時間を増やさなければいけません。

——ピッコロを長時間練習するのは良くないという話もありますけれど、それはどうなんでしょう？

エリック 確かに長時間吹くのは良くないんですけど、ちゃんと休みを入れながらやれば、そんなに害は無いと思います。たとえば、ピッコロで10分練習したら、必ず5分ぐらい休んで、次は10分間B管で練習するとか。

POINT 2 B管とは違うアンブシュアのイメージで吹く

——持ち替えで吹くときに、楽器が冷えていたりマウスピースが違うこともあっ

て、本番で思うように吹けないということがよくあります。そういうリスクはどうやって減らしたらいい？

エリック やはり、ピッコロと通常のB管を交互に練習することによって身体を慣れさせることが効果的でしょう。そのときに、2つのアンブシュアをつくり上げるんです。

——2つのアンブシュア？

エリック ピッコロとB管はまったく違う楽器なので、ふだん吹いているB管の口でピッコロを吹くのではなくて、まったく違う吹き方のアンブシュアをつくり上げるというイメージを持つんです。役者が衣装を着替えることで性格も変わるという感じで。持ち替え楽器というのは、まったく違うアプローチで取りかからなければいけないと思うんです。よく「フリューゲルホルンは音程が取りにくい」と言うことを耳にしますが、それはトランペットと同じアンブシュアやアプローチで吹いてしまっているからなんです。

POINT 3　柔らかいアタックで息を入れ過ぎないようにする

——実際に曲の中でピッコロを吹くときの注意点はありますか？

エリック ピッコロはアタックがはっきり出てしまうので、できるだけ柔らかいアタックを出せるようにする練習が必要でしょう。あと、そんなに大きな音で吹く楽器ではないので、息を速くしたりたくさん入れようとするのではなく、息の支えがしっかりするようにしなければいけません。息のスピードを速くしてしまうと、アタック感が硬くなって耳につくような音になってしまうので、支えがしっかりと安定した感じで柔らかく吹くといいでしょう。

——ピッコロを経験すると、力任せで吹かなくなってB管に戻ったときもきれいな音になる人が多いですよね。

エリック そうなんですよ。僕も、早い時期からピッコロに出会えたので、自分の芸風である高い音域をコントロールできるようになりました。

——今でも本番以外でピッコロを吹くことはあるんですか？

エリック ええ、常にバッグの中に入っていて、暇があればさらっています。ピッコロは、マウスピースの中の小さな面積の部分で唇を振動させるので、実はすごく良いウォームアップになるんですよ。

——ウォームアップですか？

エリック はい。やり方としては、まずはフラッピング（唇全体をブルブルと震わせること）で唇の広い面積で振動を始めて、どんどん狭い面積（バズィング）にして最後はピッコロで仕上げるという感じ。ギターやヴァイオリンのポジションをどんどん上げていって、振動している部分を小さくして確認するみたいなイメージです。

POINT 4　恐れずに積極的に吹いてみよう

——ピッコロを演奏する際のスタイルで気をつけることはありますか？

エリック やはり、バロック時代のナチュラルトランペットの高い音域を吹くた

めに生まれた楽器なので、スタイル的にはバロック音楽がメインになるでしょう。ポップスで使うときもバロック風に書かれている場合が多いですね。

——エリックさんは、バロックのレパートリーは演奏したりする？

エリック やっていますよ。テレマン、ヴィヴァルディ、タルティーニなど。バッハもたくさん練習しています。

——吹奏楽の世界では、現状ではアンサンブルコンテストだけで使うという場合が多いですが、合奏で使っても効果的ですよね？

エリック そうですね。中学生だから、高校生だからという考え方をしないで、どんどんチャレンジしていった方がいいと思います。ピッコロを吹いたから唇が壊れたという話は聞いたことがありません。高い音域で音楽をするということを体験できる良い機会になると思うんです。

I-4 フリューゲルホルンを吹こう［前編］

　トランペット奏者の持ち替え楽器には、ピッコロトランペット以外にフリューゲルホルンがあります。フリューゲルホルンも、ピッコロトランペットと同じように情報が少なく、マウスピースの選択や練習方法についてもっと知りたいというリクエストは少なくありません。ここでは、マウスピースの選択を中心にフリューゲルホルンをうまく持ち替える方法についてエリックさんにお話を伺いましょう。

POINT 1　フリューゲルホルンでも基礎練習をする

——ジャズだけでなく、吹奏楽でポップスを吹くときやブラスアンサンブルをやるときにフリューゲルホルンに持ち替える機会はたくさんあります。でも、その扱い方についてはあまり知られていないようです。

エリック フリューゲルホルンは、トランペットとはまったく違う進化を経てきた楽器なので、トランペットっぽく吹くのには適していないということを知っていなければいけません。まったく違うアプローチで吹かなければいけないんです。

　でも、多くの吹奏楽部では、楽譜にフリューゲルというパートが出てきたときに初めて楽器に触って、本番が終わるとまたしまっておくというのが現状でしょう。それではダメで、やはり、しっかりと身体がその楽器に慣れる時間をつくってあげなければ、フリューゲルの持ち味を活かすことができないと思うんです。

——具体的には、トランペットと同じような基礎練習をした方がいい？

エリック そうですね。ふだんやっているようなことをフリューゲルでも練習すればいいと思います。ウォーミングアップ、基礎練習、それに教則本を使った練習をして、身体が、無意識の部分でトランペットとの違いを理解していく時間を

与えていく。

　よく、フリューゲルホルンは音程が悪いと言われるけど、僕はそれは違うと思う。リードパイプ自体がストレート管で短くてベルがすごく太いから、音程のツボがトランペットとはまったく違う場所にあるので、そこに身体が慣れるためにロングトーンや音階練習をする必要があるんです。

POINT 2　フリューゲルホルンの音は暗いという先入観を持たない

——音色のイメージも難しいですよね。マイクの近いところで吹いているCDでフリューゲルホルンの音を聴いて、必要以上に柔らかい音だと思い過ぎている人もいるかもしれません。

エリック　そうですね。フリューゲル本来の音色を知らないという人は多いと思います。CDで聴いたイメージと生音はまったく違いますからね。楽器屋さんでフリューゲルのマウスピースを選ぶときに、「フリューゲル＝暗い音」という先入観だけで、詰まってこもっているような音色が出るマウスピースを「これが良い音だ」と誤解して選んでしまう人はけっこういるのではないかと思いますよ。

　具体的には、深すぎるマウスピースを選んでしまうわけです。そうすると、五線から上の音域に行くとピッチが乱れてしまうんです。カップが深すぎると、上の音が上がり切らないという問題が生じてくる。フリューゲルはけっして暗い音ではないということを知ってほしいですね。もっと透き通って暖かい音だと僕は思うんです。

——フリューゲルホルンは、トランペットと同じ長さだから、トランペットと同じようなハイトーンが出ると思っている人も多いかもしれません。

エリック　僕は、五線の上のラぐらいがフリューゲルの良さが出る限界かなと思っています。それ以上は、コントロールが難しいし、音色的にもあまり良さが出ません。

POINT 3　持ち替えのことを考えてリムを同じにする

——フリューゲルホルンは曲の中で持ち替えることが多いので、マウスピースが

フリューゲルホルン
（ヤマハ YFH-8310Z）

違うとつらいのでは？

エリック ええ。フリューゲルを吹いたあとにトランペットに戻るのが大変だという悩みはよく聞きます。フリューゲルはマウスピースのカップが深いから、気をつけていないと、唇自体がマウスピースの中に入りやすくなってしまうんです。なので、トランペットに戻ったときにすごく浅く感じて音がペラペラになってしまう。

　原因としては、トランペットの感覚で大きく吹きすぎてしまっているというのがあると思います。息のスピードが速すぎるから、唇が中に開いて入ってしまうわけです。あとは、深すぎるマウスピース、大きい口径のマウスピースを選んでしまっているのも原因でしょう。僕のアドバイスとしては、1つのコンサートをフリューゲルだけで吹くのであれば、もしかしたら口径が違っていてもいいと思うんだけど、コンサートの中で持ち替えて使うのならば、マウスピースはトランペットで使っているリムをベースにしたものを選択するべきだと思う。

──エリックさんはどうしている？

エリック 僕は、ピッコロとフリューゲルと普通のB管はぜんぶ同じ口径のリムにしています。それでカップとかバックボアが違う。僕の場合は、曲の中で3つの楽器を吹き分けるという場面が多いので、リムはまったく同じにしているんです。

──吹奏楽部の子どもたちが、市販のマウスピースでそうするのは難しいかもしれませんね。

エリック できるだけ近い口径のマウスピースを選ぶようにすればいいと思いますよ。

I-5 フリューゲルホルンを吹こう［後編］

　I-4はフリューゲルホルンのマウスピースの選び方や練習方法についての話でしたが、ここでは、実際にステージで吹く際の注意点を中心に、エリックさんにお話しをしてもらうことにしましょう。

POINT 1 フリューゲルホルンの役割を知って演奏する

──フリューゲルホルンを吹くためには、この楽器に対するイメージを持つことが大事だというお話でしたが、たとえば、クラシックのブラスアンサンブルで使うフリューゲルホルンとジャズで使うフリューゲルホルンとでは、かなりイメージが違うように思うのですが。

エリック そうですね。フリューゲルホルンは、ジャンルによって使い方がかな

105

り違うので、いろいろ知っていなければいけません。同じジャズでも、ビッグバンドのセクションで使うフリューゲルとソリストが使うフリューゲルとで違うアプローチをしなければいけないんです。

　ヨーロッパでも、ドイツ・オーストリア圏では、トランペットのマウスピースで吹いている地域も多い。トランペットのマウスピースを使ったフリューゲルの音というのもけっこう魅力的なんです。独特な音色がある。そういった意味では、フリューゲルと一口に言っても、音色の幅がすごく広いので、いろいろな演奏を聴いてイメージをつくっておいた方がいいでしょう。

——吹奏楽は、いろいろなジャンルの音楽を演奏するから、フリューゲルホルンを使う場合、自分がどういう役割を担っているのか意識していないと、どう吹いていいのかわからなくなってしまうかもしれません。

エリック　そうなんですよ。金管アンサンブルでフリューゲルが出てきたときも、そのパートが何の役割をしているのかというのをきちんと理解していなければいけません。ホルンとトランペットの渡し役なのか、それとも、トロンボーンとトランペットの渡し役なのか、全体として鳴ったときの自分の居場所を理解して、音色の解釈をする必要があります。

——そのあたりを勘違いしてしまうと、マウスピースの選択も誤ってしまかもしれませんね。

エリック　ええ。ただ暗ければフリューゲルの良い音だというのが、すごく誤解されているところなんです。

POINT 2　マイクを使わない場合は伴奏の音量を落としてもらう

——フリューゲルホルンは音量が出にくいと言われていますけれど、この点はどうですか？

エリック　それもちょっと誤解されている部分で、「暗いから音が通らない」というのは違うと思うんです。ホルンも、ベルが後ろを向いているけど、ちゃんと客席に音が届くじゃないですか。良い音色というのは必ず前に響くんです。

　でも、深すぎるマウスピースを使っていると、倍音の形が偏ってしまって、音が前に伝わりにくくなってしまう。やはり、しっかりとした濃い中心があって、その周りに明るい輪郭があるというイメージの音が前に伝わりやすいんです。どんな楽器でも、倍音がたくさん出ているというのが大事ですよね。

——ジャズの場合、バラード調のメロディを吹くときはマイクを使うことが多いけれど、吹奏楽では、同じようなことをマイクなしでやらなければいけません。エリックさんは、マイクありとなしのときで吹き方は変えていますか？

エリック　僕が吹奏楽にお手伝いに行くときは、極力マイクを使わないようにしています。それでもフリューゲルを必要以上に大きく吹かないようにしていますので、そのときは伴奏の音量を下げてもらっています。

——指揮者や他の楽器のメンバーが、フリューゲルを使っているときに気を遣うことが重要なんでしょうね。

エリック　そうですね。ポップスの譜面でフリューゲルが出てくるときは、セクションで立ってソロを吹くというのがよくあるパターンですが、そのときも伴奏

I 楽器編

が音量を下げてあげなければいけません。

POINT 3　いちばん良い音色がする音量で演奏する

――伴奏が音量を落とすことでソロを引き立たさせるように吹く？

エリック　そうですね。もともとフリューゲルホルンは大きく吹くべき楽器ではないんです。「ホルン」という名前が付いているから誤解している人もいるかもしれませんが、長さの割には極端にベルが太いので、出そうと思えば大きい音は出るんですよ。でも、そうすると、音程が不安定になるし、音色自体もまったく魅力のないものになってしまう。もともとは、コルネットと同様に小さい音で吹くべき楽器なんです。

――練習のときも、いちばん良い音がする音量で吹くべき？

エリック　そうですね。とにかく楽器と仲良くなる時間を増やさなければいけないと思います。あと、これはすべての楽器の人に言えることなんですけど、吹く前に、頭の中で実際に鳴らしたい音色や音型が聴こえていないと音楽表現はできないので、やはり、たくさん演奏を聴くことが大切ですね。CDと生音では違いがあるので、できるだけコンサートに足を運んでいろんな人のフリューゲルを聴くというのも、上達の近道になると思います。

I-6　コルネットについて知ろう

吹奏楽曲の中には、トランペットとは別にコルネットが指定されているものがたくさんあります。最近では、楽譜の指定どおりコルネットを使う団体も増えてきましたが、まだ一般的ではありません。ここでは、エリックさんに吹奏楽のコルネットについてお話ししてもらうことにしましょう。

POINT 1　吹奏楽でコルネットを使ってみる

――エリックさんは、学生のときにコルネットを吹いた経験はありますか？

エリック　ありますよ。中学と高校で吹奏楽をやっていたときに、トランペットと持ち替えで吹いていました。

――日本では、トランペットが大きすぎて持つことのできない小学生が吹くというイメージがありますが、アメリカではどういう使い方をするんですか？

エリック　アメリカの学校ではコルネットはまったく使いません。でも、スーザのマーチやホルストの組曲など、吹奏楽の楽譜でトランペットとコルネットのパートが分かれているものがあるじゃないですか。あと、オーケストラ曲を編曲した楽譜にもコルネットパートがあったから、どういうものなのか個人的に気になっ

英国式ブラスバンドなどで使われる典型的なブリティッシュタイプのコルネット（ショートタイプとも呼ばれる）。写真はヤマハYCR-8335

アメリカの吹奏楽やジャズなどで使われていたアメリカンタイプの（ロングタイプとも言われる）コルネット［写真協力＝高橋英男さん］

て、ロイヤル・ハワイアン・バンドにあったコルネットを父に借りてきてもらって吹いていたんです。

――楽器やマウスピースはどういうものを使っていたんですか？

エリック 楽器はバックのストレート、いわゆるアメリカンコルネットでした。マウスピースは、トランペットとは違うものを使うべきだと人から聞いたので、専用のマウスピースを探して使っていました。高校に入ると、学校にアメリカンとブリティッシュの中間に位置するタイプの楽器があったので、それを使いました。

POINT 2　トランペットとの違いを知る

――実際に吹いてみてどうでしたか？

エリック 最初は慣れていないから、トランペットっぽく吹いてしまっていたのですが、どこか違和感があったので、コルネットが誕生した当時のスタイルなどを調べて吹き方を模索しました。よく、コルネットはフリューゲルホルンみたい

に柔らかい音がしなければいけないと誤解されていますけど、それは違うなと思っていたんです。確かに、トランペットよりはまろやかな音色なんだけれど、音が暗いわけではなく、アタックも鋭いわけでも不明瞭なわけでもない。実際に吹いてみて、コルネット特有の音色があることがわかりました。

——奏法上の違いもあった？

エリック ええ。アーバンの教則本は、本来コルネットのために書かれたものなんです。クラークとかもそうです。これらの教則本をコルネットで吹いてみて、トランペットとは違うものを感じました。「大きく吹くものではない」とか「速い息で吹くものではない」とか。アタックも、シラブルを変えて柔らかめのタンギングでなければいけないということがわかりました。シュロスバーグの『トランペット・スタディーズ』などのようなトランペットのために書かれた新しい教則本とは明らかに違うんです。

——コルネットのメリットはありましたか？

エリック 音の移り変わりがすごくスムーズなので、小回りが利くという利点があります。だけど、トランペットっぽく吹くと、粗が出てしまう。やっぱり、トランペット、フリューゲルホルン、コルネットは、形や長さはよく似ているけれど、それぞれまったく違う道具なんですよ。若いときにコルネットを吹いたことで、そのことがよくわかりました。

POINT 3 吹奏楽でのコルネットの使われ方を知る

——コルネットが指定された吹奏楽オリジナル曲は、コルネットで吹いた方が音色やバランスの面で効果がありますか？

エリック うーん。何とも言えないところですね。トランペットもトロンボーンも、コルネットが入っていた時代の楽器とは音色や吹き方が変わってしまっているので、他の楽器とのバランスを考えると難しい面があるかもしれません。もしも、そういう時代の音色を狙うのであれば、コルネット以外の楽器の人もバランスや音色を考慮しなければいけないでしょう。

でも、マーク・ヘインズリー編曲のオーケストラの大作などでは、原曲のヴァイオリンのパートの細かいパッセージがコルネットに割り振られていて、トランペットはオーケストラのトランペットパートを吹いていたりするので、こういうときはやはりコルネットならではのキャラクターでなければいけないと思います。

——コルネットが指定されているものでも、曲によって状況が違うということ？

エリック コルネットと一口に言っても、ブリティッシュやアメリカンという違いがあるし、マウスピースもいろいろな考え方があるから、その曲でどういう音が求められているのかよく考える必要があります。多くの人が、コルネットはトランペットよりも音が柔らかくて暗いというイメージを持っているけど、たとえば、ディキシーランド時代のコルネットの音ってすごく明るいですよね。

いずれにしても、トランペットとはまったく違う楽器として捉えなければ持ち替える意味がありません。そのあたりをきちんと理解して使いこなさなければ、コルネットの良さを引き出すまでいかないと思います。役者が衣装を替えるような気持ちで、コルネットを持ったらそのキャラクターを意識して演奏するのがいいと思います。

Eric Album No. 9

元ボストン交響楽団首席トランペット奏者チャールズ・シュリューター(写真左)と。シュリューターは、1981年から2006年までボストン交響楽団の首席トランペット奏者をつとめた。

J 音楽スタイル編

J-1 ジャズをジャズらしく吹こう［前編］

吹奏楽でジャズやポップスを取り上げることは多いですが、ジャズをジャズらしく、ポップスをポップスらしく吹くにはどうしたらいいか悩んでいる人は少なくないかもしれません。ここでは、ジャズやポップスの世界で活躍しているエリックさんにジャズらしく吹くポイントについてうかがってみましょう。

POINT 1　本物のジャズの演奏をたくさん聴く

――吹奏楽ではジャズやポップスの曲も取り上げますが、ジャズらしく演奏できないと悩んでいる団体は多いようです。

エリック　クラシックから入った人が、ジャズやポップスをそれらしく演奏できないのは、単純に本物のジャズを聴いていないだけなんですよ。聴いていない人に「ジャズのノリはこうなんだよ」と口で説明をしても、手探り状態になるだけでうまくできません。英語を学ぶときに、ネイティブな人がしゃべっている英語のテンポ感や発音がわからなければ、どんなに文法を理解していてもしゃべることができないのと同じです。まずは「聴く」ということから始めなければダメなんです。

――実際には、吹奏楽に編曲した見本演奏しか聴いていないケースも多いかもしれません。ジャズを聴いたとしても1曲だけとか。

エリック　そういうケースは多いと思います。先生が手元にあるアレンジの音源を聴かせるだけとか。たとえオリジナルの音源を聴かせたとしても、ボキャブラリーが少ない子は1回聴いてもわかりません。やはり、先生が、同じ年代の曲とかそのたぐいのものを用意して、何回も聴かせるという地道な作業をしなければいけないと思うんです。

　横浜に、ビッグバンドがすごく上手で全国的に有名な学校があるのですが、そこの子どもたちは、楽器を始めたところからジャズしかやっていないんです。なので、楽器を始めて1～2年の子でも、もう充分なノリ、ジャズの音色、雰囲気みたいなものを持って演奏している。ということは、「子どもだからできない」とか「楽器のレベルが初心者だから」という話ではなく、やはり、本物のジャズを聴いているか聴いていないかの違いだと思いますよ。

J 音楽スタイル編

——中学生ぐらいだと、生徒の自発性に期待するだけでは難しいのでしょうね。よほど好きな子でなければ、自分で聴いたりはしません。

エリック 先日、ある学校に行ったら、ちょうどポップスの新曲を練習していて、顧問の先生にちょっと見てくれないかと言われたんです。そこで、「ここはこういう感じだよ」って僕が1回吹いてあげたら、「わぁ、すごい！ 楽しい！」みたいな感じで子どもたちは完璧に吹いてくれました。ところが、2ヶ月ぐらい経ってもう1度行ったら、すっかり元に戻ってしまっていたんです。やっぱり、1回聴いただけでは身体に入らないんです。

POINT 2 ジャズのアーティキュレーションで吹く

——**具体的にはどういうものを聴いたらいいですか？**

エリック 一口にジャズと言っても、ディキシーランドジャズ、スウィングジャズ、モダンジャズ、ジャズロック、フュージョン、ビバップなどさまざまなスタイルがあって、それぞれ歌い方が違います。やっぱり、さまざまなスタイルのものをたくさん聴くしかないでしょうね。勉強あるのみです。あとは、それぞれの曲でアーティキュレーションがどのように使われているのかを研究するといいでしょう。

——**アーティキュレーションですか？**

エリック ええ。クラシックの人がジャズを演奏するときにやってしまいがちなのがタンギングのし過ぎ。全ての音をタンギングをして発音するくせみたいなものがついてしまっていて、スラー記号が付いていないとぜんぶ舌を突いてしまうことが多いと思うんです。

——**楽譜に書かれているアーティキュレーションどおりに演奏するのではダメということ？**

エリック ジャズは、細かいニュアンスで表現するものなので、楽譜にいちいちアーティキュレーションが書き込まれていません。たとえば、トランペットだったら、スケールで上がる下がるという中でのラインでは、ピストンで音が変わる音列であればタンギングをしないことが多いんです。

POINT 3 実際にジャズのフレーズを声で歌ってみる

——**そういったジャズのアーティキュレーションを知るためにはどうしたらいいですか？**

エリック やはりたくさん演奏を聴くしかありませんが、吹いているものを実際に声で歌ってみるというのが効果的かもしれません。そうすると、自分がやろうとしているフレーズが、実際にはそう聴こえていないというのがわかりやすくなると思う。何回も声に出して歌ってみることで、アーティキュレーションや口の中の舌の位置や容積の調整のしかたというものが見えてくるはずです。クラシックでも、曲の状況によってタンギングを変えているはずなので、いろんなタンギングのやりかたがあるということを自覚する良い機会になると思います。とにかく、自分がその音楽を好きになることが大切です。自分が好きにならなければ身体に入ってきません。たくさん聴いてほしいですね。

J-2 ジャズをジャズらしく吹こう［後編］〜スウィング感を出そう!

J-1は、ジャズをジャズらしく演奏するためにはどうしたらいいのかという話でしたが、ここでは、具体的に、ジャズの特徴であるスウィング感を出すためのノウハウについてエリックさんにお話ししてもらいましょう。

POINT 1　裏拍を活かすために表拍を感じる

——ジャズの特徴としては、19世紀末に誕生したラグタイムのシンコペーションがあると思うのですが、本来のビートに逆らうことで不意打ちをする面白さがあるわけですよね?

エリック　そうです。ポップスも含めたジャズのシンコペーションは、表拍に対して違うところに置いてある拍というのが面白さを醸し出していて、それがノリになっているわけです。たとえば、ラテンだったら、裏拍で起こっていることがすごく目立ちますよね。

——いわゆる「裏ノリ」で感じて演奏すればいい?

エリック　うーん。必ずしもそうとは言えないんです。アマチュアの世界では、「裏ノリ、裏ノリ」ばかりで「ジャズは裏だ」と説明をしてしまうので、ほとんどギャロップみたいな偏ったスウィング感になってしまっているケースが少なくありません。表拍を強く感じていなければ、裏拍は活きてこないんです。「表拍をちゃんと感じているということを前提とした裏拍」という説明をしてあげるべきなんです。これは、ラテン、ジャズ、スウィングなどすべてのジャンルに言えることです。

——逆らうためには、表の拍がしっかりとれていなければいけないということ?

エリック　そうです。よく「スウィングは三連符を感じなければダメ」と言われているじゃないですか。それがなぜかというと、4拍子で考えた場合、3というのが偶数に対して奇数で反発する数なので、そこで生まれるリズムのぶつかり合いみたいなものが面白いわけです。そう感じるためには、やはり、表拍をしっかりととらえていなければ、3対4というスウィング感は出てきません。

POINT 2　リズムセクションと一緒に練習する

——そういうスウィング感を出すためにはどういった練習をしたらいい?

エリック　これは1人では練習できないものなんですよ。リズムセクションからさまざまなビートが出ている中で、自分がどこにいるべきかというものを体感し

なければいけない作業なんです。ジャズの練習というのは1人でやるものではないんです。

——吹奏楽でも、ジャズの楽譜をもらったときは、個人練習やパート練習をするよりも、リズムセクションと練習した方が効果的だということ？

エリック ええ。そうしなければわからないと思います。リズムセクションが聴こえなければ体感できません。そこがやっぱり、ジャズとポップスの難しさでもあるんです。

たとえば、4ビート・スウィングの曲だとすると、ベースラインがほとんど四分音符で動いているんです。それに対して、ドラムセットのシンバルが三連のリズムをやっていて、ハイハットが八分の裏を叩いている。そうしたリズムの和音みたいなものがなければ、それに対して自分がどこに拍を置くのかということがわからなくなってしまうんです。メトロノームでスウィングを練習するのは、プロでも難しくてできません。なので、プロのジャズ奏者たちはマイナスワンのCDを使う人が多いんですよ。

POINT 3 状況に応じて柔軟に対応できるセンスを養う

——吹奏楽のポップスの楽譜などに、「スウィング＝三連符にする」と書いてあったりするから、機械的に三連符で割って吹いている演奏もよく耳にします。

エリック そこも問題ですね。「八分三連で、前の2つをタイにするとジャズっぽくなるよ」というのもケース・バイ・ケースなんです。テンポが速くなったら、そんなことをやっていられません。テンポが速くなった場合は、わりとみんなストレートのリズムで吹いて、テヌートとスタッカートみたいな感じにして、音の長さでその跳ねたっぽい感じを出したりしています。

——そういった塩梅（あんばい）の判断は、やはり本物のジャズをたくさん聴いてセンスを磨くしかない？

エリック そうだと思います。多くの場合は、そうやって、スウィングの八分音符で「タータ、タータ」と間に隙間を空け過ぎてタンギングをしてしまっている。そういった、アーティキュレーションのし過ぎ、離し過ぎというものが、本当によくある間違いなんです。

ジャズを始めるときは、「真似をする」というのが大切な要素です。いろいろな演奏をコピーしたり、一緒に吹いたりして、雰囲気みたいなものの物真似をすることから始めます。「ジャズの歌い方というものを教えてほしい」「どうやったらジャズっぽく聴こえますか？」という質問に対しては、やはり、「たくさん聴いてください」としか答えようがありません。

——音を舌で止めるかどうかという問題も難しいですよね。

エリック そこも安易に語られている部分かもしれません。子どもたちは、止めない音型しか身体に入っていないから、止めるという感覚がわからないんです。それだけのことなので、実際にはそういった音型を練習させるしかありません。舌がどうだとか説明をするよりも、何回も見本を聴かせてあげた方がいいんです。理屈よりも耳から入るという感じ。理屈で説明されてもわからないときが多いんですよね。

J-3 ジャズの山型アクセントの意味を知ろう

　吹奏楽の現場では、山型アクセントの記号の意味は「音の頭を強調して」と教えられることが多いですが、ジャズやポップスの世界では違う意味で使わることの方が多いようです。そこでここでは、山型アクセントを中心に、ジャンルや時代によって意味が異なるという音楽記号についてエリックさんにお話ししてもらいましょう。

POINT 1　記号の意味は１つではない

——学校吹奏楽の現場では、横型や山型などのアクセント記号は「音の頭を強く」と教えられていることが多いですよね。

エリック　そうですね。学校吹奏楽だけではなく、プロの現場でもそういう傾向は強いかもしれません。クラシックの楽譜でも、地域や時代によって解釈が違うので、こうした記号の意味の解釈は気をつけなければいけません。

　たとえば、テヌートスタッカートの記号があったとして、それが、弦楽器で言うデタッシェのように「音を分ける」という意味なのか、それとも「スタッカートよりもちょっと長く」という意味なのか、その記号を書いた人がどうイメージしていたのかで違ってきてしまいます。

——以前、山型アクセントの意味について、世界中の音楽家に調査したことがあるのですが、欧米では「音をセパレートさせる」とか「音の語尾を止める」と説明する人が多かったです。もともと、チェンバロやヴァイオリンは、音の頭を強くという表現が苦手だから、音を分けることで強調したのかもしれません。

エリック　音楽記号は、「これはこうだ」というルールが確立されていないから難しいところですよね。歴史的な作品で使われている記号の解釈でも、学者によって意見が違ってきますし。やはり、スコアを分析して「この作曲家はこういう意味で使っているんだ」というふうにアプローチする以外に方法はないでしょう。

POINT 2　ジャズで山型アクセントは「短く」という意味

——ジャズやポップスの世界では、山型アクセントはどういう解釈で演奏されることが多いんですか？

エリック　ポピュラーの場合、横型アクセントよりも「短く」という解釈の方が多いですね。

——「音を止める」というニュアンスもある？

エリック　ええ。「はっきりと止める」という感じです。

音楽スタイル編

横型アクセント

山型アクセント

――それは、日本の現場でも浸透しているんですか？

エリック 古い世代のアレンジャーだと人によって違うことがあるけど、若手のアレンジャーはみな「山型は短く」という感じで書いていますよ。

――アメリカの吹奏楽のオリジナル作品は、そういうニュアンスで使われている曲が多いですよね。

エリック そうですね。スコアを見ていると、ショスタコーヴィチとか1930年代あたりの作品でもそうなっているような気がします。

――ブルックナーなど19世紀の作品でも、山型は「止める」という意味で使われているとヨーロッパの研究者たちが言っていました。強調して話すときに「わ・た・し！」って区切って言う感じなのかもしれません。

POINT 3 テヌートは「次の音につなげる」という意味

――ポップスやジャズで、並んだ八分音符にそれぞれテヌート、スタッカートが付いているときに、「ダーダッ」っというふうに、つなげて吹いて語尾を止めて吹くということも、クラシックしか勉強していない人にはあまり理解されていないかもしれません。

エリック そうかもしれません。ジャズの場合、テヌート記号は次の音に対してつなげるという意味で使われることが多いんです。でも、それを知らない人が吹くと、「ダッダッ」っという風に音の間を空けてしまう。それが原因で演奏がぎこちなくなっていることが多いように思います。

　　　　　　　　　　ジャズやポップスでは、必ずしも書いてある音符の音価どおり演奏するわけではありません。たとえば、八分音符、四分音符、八分音符というシンコペーションの場合、ジャズだとほとんどの場合、「ダダッダ」と四分音符の方が短くなる。こういった暗黙のルールみたいなものを知っていなければ、ジャズらしく演奏することはできません。

POINT 4 各ジャンルのスタイルを知ることが重要

――そういうことは、知識として知っていなければできませんよね。

エリック やはり、その音楽のスタイルを知っていなければ難しいでしょう。クラシックも同じだと思うんです。バロックのアーティキュレーションとロマン派のアーティキュレーションはまったく違うじゃないですか。クラシックの人たちは、「この時代の音楽はこういうスタイルだからこの音符はこう吹く」というのを自然にやっていると思う。

　ジャズも、スウィング、ディキシーランド、ラテンジャズ、ファンクなどいろいろあるので、それぞれ聴いてスタイルを知っていなければ、僕らジャズ奏者でも吹くことができません。先日、AKB48の曲をインストでレコーディングするという企画があったのですが、そのときに呼ばれたベテランのジャズ奏者たちが、最初はボロボロで吹けませんでした。曲を知らないからそのスタイルにならないんですね。やはり、たくさん聴いてフレージングが身体に入っていなければ、どんなに譜面で指示されてもうまくいかないんです。

J-4 リップベンドとヴィブラートをマスターしよう

　J-3 は、ジャズにおけるアクセント記号の意味についての話でしたが、ここでは、やはりジャズで使われるベンド記号や、ヴィブラート、シェイクなどの奏法についてエリックさんに話してもらいましょう。

POINT 1　リップベンドには柔軟性が不可欠

──J-3 ではアクセント記号の意味についてうかがいましたが、他にジャズの記号で誤解されているようなものはありますか？

エリック　ベンド系の記号は、どう演奏していいかわからないと聞かれることがよくあります。アルファベットのUみたいな記号ですね。あれは、発音したあとに半音の半分ぐらい音を下げてまた戻すという意味です。文字で「bend」と書いてあるときもあります。

ベンド記号

──どのようにして音を下げるんですか？

エリック　楽器によって違いますけど、トランペットの場合は、下あごを下げてアパチュアを広げることで音程を下げるのが一般的です。あごをまた戻すことで音程を元に戻す。ヴィブラートの延長みたいな感じなんですよ。

──そういう練習をしている人はあまり多くないかもしれません。

エリック　そうですね。でも、クラシック系の教則本でも、ジェームズ・スタンプの教本『ウォームアップ＋練習曲』にリップベンドの練習が出てきます。まずピストンを押して半音下げたあとに、次はピストンを押さないで唇で半音下げるという練習。

──その練習はどういう効果があるんですか？

エリック　トランペットを吹いているときは、上唇がメインで振動していて、下唇は支え役みたいになっているんです。なので、下あごを下げると、唇も下がって下唇の裏側の柔らかい粘膜の部分が前に出る形になるんです。それを練習することで、唇の柔軟性と倍音が豊かな音色を得やすくなるという効果はあると思います。

──ベンドしたときに振動が止まってしまうというのは、柔軟性に欠けるということ？

エリック　原因は2つ考えらます。1つは「息だけに頼って唇の振動をつくっている可能性」。もう1つは「アンブシュアの周りの筋肉のコントロールがうまくできていない可能性」。これらがきちんとできていなければ、音の持続ができなくて振動が止まってしまいます。

J 音楽スタイル編

POINT 2 ヴィブラートで柔軟性を身に付ける

エリック 実は、このベンドは、ヴィブラートと密接な関係にあります。E-5でお話ししたようにヴィブラートには、歯と歯の間をごくわずかだけ動かして、ピッチを変えずに「アウアウアウ」と音の形が変わるようにする「モジュレーションヴィブラート」と、あごを大きく下げてそれを元に戻すということを繰り返して音程を上下させる「ピッチヴィブラート」の2種類があります。

　このうち、2つめの「ピッチヴィブラート」は、あごを下げてピッチを変えるという意味で、リップベンドの延長と考えていいでしょう。さらに、リップトリルやシェイクにもつながるわけです。

　シェイクは、リップベンドとは逆に、あごを上げてアパチュアを狭くすることによって、強制的に唇の振動を上の倍音に持っていくというもの。どちらにしても、あごを使ってアパチュアをコントロールするという共通点があるんです。リップトリルができない人にはヴィブラートが苦手な人が多い。あごが固定されているから、あごの柔軟性がなくなってしまっているんです。

——逆に、リップベンドやヴィブラートなどの練習をすることであごの柔軟性が得られるわけですね。

エリック そうです。あごというのは、金管楽器奏者にとってすごく重要な部分なんです。前後左右上下、すべての方向に動くものなので、細かいアジャストメントをしているんです。

——リップスラーやリップトリルは、「リップ」という名前が付いているから、唇を動かして出すと思っている子も少なくないかもしれません。

エリック 言葉で「ここを動かせばできる」というのはとても危険だと思うんです。唇もあごも舌もぜんぶ関連して動いているということを理解してほしいですね。リップトリルやシェイクのときは、あごも動いているし、それにくっついている舌も動いているし、唇の周りの筋肉も動いている。それらを個別に考えるのはむしろ逆効果になる危険性があると思います。

POINT 3 リップスラーをやり過ぎない

——ベンドやヴィブラートなど、あらゆる方向に音を動かすことで柔軟性が身に付く？

エリック そうです。僕は、生徒には、早い段階でヴィブラートができるようになるように促しています。ヴィブラート自体、唇が安定していないとできないし、あごが固定してしまっているとうまくできません。僕としては、四度とか五度跳躍するリップスラーよりも、ヴィブラートやベンドを練習した方が、無理なく柔軟性がつくと考えています。

——まずは、順番として、狭い幅の音程をフレキシブルに動かせるようにした方がいいということ？

エリック ええ。階段に例えると、リップスラーは、いきなり3段跳びで一生懸命上がるようにしているようなものじゃないですか。そうではなくて、まず1段ずつ上がるような練習をした方がいいと思う。やってはいけないという意味ではありませんよ。やり過ぎて疲労だけ残ってしまうのが良くないんです。

J-5 演歌を演歌らしく吹こう

吹奏楽では、オリジナルやクラシックの作品だけでなく、ポップスや演歌を演奏することもあります。ここでは、演歌やポップスの録音に多く参加しているエリックさんに演歌を演歌らしく吹くコツを教えてもらいましょう。

POINT 1 演歌のヴィブラートを真似てみる

——エリックさんは、ジャズだけではなく、演歌やポップスなどさまざまなジャンルの音楽の仕事をしていますよね？

エリック ええ。本当にいろいろな方のお仕事をいただいていて、演歌ではほとんどの人の録音に参加しました。最近では天童よしみさんや氷川きよしさんとか。

——アメリカから日本にいらしたとき、演歌の吹き方とかわからなかったのではないですか？

エリック そうなんですよ。聴いたことはあったけれど、具体的な吹き方はわかりませんでした。そこで、音源をたくさん入手して聴きまくりました。これは演歌に限った話ではありませんが、とにかくオリジナルを聴くことが大事です。それでイメージがついてきたら、今度はとにかくそれを真似しました。歌い回しとか、どういうテクニックが必要かを分析しながら。

——演歌は、独特なこぶしやヴィブラートが必要ですよね？

エリック そうなんですよ。演歌の場合、いちばん大きな要素はヴィブラートなんです。一口に演歌と言っても、年代や人によってヴィブラートのかけ方が違うので、いろいろな歌手の歌い回しを分析してそれを真似しました。前にお話ししたように、ヴィブラートには、音型が変わるモジュレーション系のヴィブラートと音程が変わるピッチ系のヴィブラートがあるので、それを使い分けなければいけません。歌手の人たちも、それを微妙に使い分けているんです。スピードや深さ、歌のどの部分にくるのかなど、人によって使い方が違うので、それを観察しなければいけませんでした。演歌の場合、深いヴィブラートを使うケースが多いので、トランペットで吹くときは、最初に狙っているピッチを吹いてから、そのピッチで上の唇をキープして、あごを上下させることで下の唇を動かすんです。

POINT 2 演歌に影響を与えたジャズを真似してみる

——ヴィブラート以外で、演歌を演歌らしく吹くポイントはありますか？

エリック 僕が日本に来た当初、演歌の仕事の経験豊富な方とご一緒する機会があったので、そのときに「どうやったら演歌らしく吹くことができるんですか？」と聞いたことがあるんです。そうしたら、「すごく簡単だよ。演歌が日本の歌謡界に定着したのは戦後なので、演歌や歌謡曲は戦後に流行ったアメリカのジャズのスタイルの影響を受けているんだ。だから、それを真似すればいいんだよ」と教えてくれました。

——考えてみれば、歌謡曲の伴奏はずっとビッグバンドがやっていましたね。

エリック そうなんですよ。昔は必ずビッグバンドでした。戦後間もなくのころは、進駐軍の影響でビッグバンドとかアメリカの音楽を聴いて演奏しているミュージシャンが多かったんです。なので、歌謡曲のアプローチも、ハリー・ジェームスとかレイ・アンソニーという人たちの演奏スタイルの影響があるんです。演歌は、そのもの自体は日本独自の音楽なんだけれど、やはり、アメリカのブルースの影響をたくさん受けている。たとえば、サックスがサブトーンで吹く演歌っぽいソロってあるじゃないですか。あれは、サム・テイラーというリズム＆ブルースのブルース系サックス奏者の影響なんです。

POINT 3 オリジナルの演奏をとことん聴く

——吹奏楽で演歌や歌謡曲を演奏する場合のアドバイスはありますか？

エリック やはり、オリジナルをとことん聴くこと。そして、それからとことん学ぶこと。それに尽きますね。

今の中高生は、音楽をちゃんと聴いていない人が多いと思うんです。「ゲームをしながら」「ネットに投稿しながら」とか「ながら」で聴いていて、集中して聴いていない。音楽自体を聴くという集中力がすごく欠けていると思います。

——手軽に聴くことができるようになったから、ありがたみが薄れたのかもしれませんね。

エリック そうかもしれません。僕の世代は、アナログのレコードだったから、途中飛ばして聴くなんてことができないので、じっくりと音楽を聴いていたと思うんです。そういう意味で、現在の子どもたちは「聴く」という部分が発達していないと思う。

——それはすべてのジャンルに言えることですよね。

エリック ええ。本当に。とにかく1曲3回は聴いてほしい。1回目は、自分のパートを譜面を見ながら聴く。2回目は、周りの楽器がどうなっているか、いろいろなところにロックオンして聴く。3回目は、全体を客観的に聴く。

聴き方次第で、1つの曲を聴くだけでもマスタークラスになるんです。僕らは、いつでも、カラヤンのマスタークラス、ディジー・ガレスピーのマスタークラスを体験することができるんです。でもみんな聴かない。目をつぶってじっくり聴くということをまったくしなくなっている。それでは、技術だけが向上して、感情の歌い込みの部分が薄くなってしまいます。

Eric Album No.10

ベニー・ゴルソン（写真左）と。ゴルソンは、ジャズサクソフォーン奏者でアレンジャーとしても知られる。年齢を感じさせないエネルギッシュなステージを展開する。

ジョン・ファディス（写真左）と。ファディスは、アメリカのジャズトランペット奏者。ハイノートが得意で、ディジー・ガレスピーと親交があり、ガレスピーを記念する楽団で活躍した。

メイナード・ファーガソン（写真右）と。若いエリックさんにとって、ファーガソンは、憧れの対象であり、心の師でもあった。

おわりに

　巻頭のご挨拶でも触れたとおり、本書は、『Band Journal（バンドジャーナル）』の連載「エリック宮城さんに聞く楽器の悩みなんでも相談室」を再構成したものですが、連載は２０１７年３月の時点で72回目になり、本書で掲載したもの以降も続いています。今後も『バンドジャーナル』誌で継続して読んでいただけたら幸いです。
　エリックさんと筆者がこの本を通してお伝えしたかったことは、「特定の流派やメソッドを盲信するのではなく、さまざまなメソッドを知って、その中から自分に合うものを"いいとこどり"しよう」ということ。インターネットが普及して以来、プロアマ問わず自身の信じる奏法やメソッドを後ろ盾にしたアドバイスを発信するサイトが目立つようになって、さまざまな情報が錯綜する状況になってきました。そこには、「すぐに上手くなる」「苦労せずに高い音が出るようになる」などの誘惑に満ちた甘い言葉が並び、日頃のつらく単調な練習に嫌気をさしていた中高生やアマチュア奏者が、砂漠でオアシスを見つけたが如く、ネット上の「先生」の甘い言葉に心の拠り所を求めてしまうケースも少なくないようです。
　これは、本書のような活字のメディアも常に気をつけなければいけない問題なのですが、相手がどのような状態で吹いているのかわからない状況で言葉によるアドバイスをするのは非常に危険なことです。必要最低限の力も入っていない人に対して「力を抜きなさい」と言うのは逆効果だし、姿勢や楽器の角度にしても、各人の歯並びや目で見えない部分の違いがあるので、「これが正しい姿勢」と断言するのは得策とは言えません。

　私たちが楽器を演奏するのは、音楽をすることが目的です。楽器のテクニックも、広い音域も、全て音楽の表現のために習得するのであって、それ自体が目的なわけではありません。音色に関しても、楽器自体の良い音色を出すことが最終目的ではなく、それぞれの楽曲の場面の中で求められる音色を出すことこそが重要なのです。音程やリズムも、機械で計測して正しいというのが正解なわけではありません。同じ空間で聴いている聴衆が、楽曲の中でその音程やリズムにどういう印象を抱くのかが大事であって、場合によっては、意図的にズラすことで聴く人を焦らすというケースもあります。
　演奏家の仕事は、役者の芝居と似ていると言って良いかもしれません。二枚目の役者でも、ルックスや声の良さだけでお客さんの関心を惹きつけ続けるのは難しく、声色を変え、細かい演技を計算しなければ、聴衆は最後まで飽きずに楽しんではくれません。
　楽器の演奏も同じです。「音色が良い」とか「技巧が優れている」というだけでは、その

楽器の学習者の心は掴むことができるかもしれませんが、一般の音楽ファンはすぐに飽きてしまいます。歌詞やセリフがないという点では、歌手や役者よりも不利な状況にあると言って良いでしょう。例えて言うならば、良い声を持つ歌手が、歌詞のないスキャットだけで2時間のリサイタルを歌い通すようなものです。

　ベテランの演奏家というものは、自分たちの演奏に関心のない、酒に酔った客の前で演奏するなどの苦い経験を通して、こうした状況を打開する数々のテクニックを会得しているものです。以前、『バンドジャーナル』誌の特集で演歌歌手の八代亜紀さんにお話をうかがったことがあるのですが、八代さんは、ステージでは自分の感情を表に出すことなく、曲を通して聴き手の心を掴むことがポイントだとおっしゃっていました。

　エリック・ミヤシロさんもそう。彼は、無数の音色と表現を自身の引き出しに備えていて、音楽や客層を考慮しながらそれを使いこなしているのです。ただ「ハイトーンが出る」とか「テクニックがある」というだけでは、何十年間もその人気を保つことはできません。やはり、音楽のアドバイスは百戦錬磨の音楽家に聞くべきだというのが筆者の考え。山頂に登ったことのない人物に山岳ガイドを頼んだりはしませんよね。本書では、毎回、さまざまなシチュエーションを想定しながら、筆者がエリックさんに疑問を投げかけ、現場の経験から培って来たノウハウをうかがう形にしました。そのあたりの意図を汲み取って読んでいただけたなら幸いです。

　最後に、この場をお借りして、連載を形にしていただいた『バンドジャーナル』編集長の大高達夫さん、毎月の連載の原稿を粘り強く待って編集作業をしていただいた『バンドジャーナル』編集部の赤井淳さん、今回の単行本に多くのアドバイスをいただいた音楽之友社出版部の塚谷夏生さん、編集作業に尽力していただいた今泉晃一さんにお礼を申し上げたいと思います。そして、多忙なスケジュールの中、毎回役に立つアドバイスを惜しみ無く話していただいたエリックさんには、深甚なる感謝の意を表したいと思います。

2017年3月　　佐伯茂樹

■編者プロフィール

佐伯茂樹（さえきしげき）

早稲田大学卒業後、東京藝術大学でトロンボーンを学ぶ。クラシカル・プレイヤーズ東京などで古楽器奏者として活動する傍ら、音楽雑誌で記事や論文を執筆・コンサートの監修を手掛けている。東京藝術大学古楽科、浜松市楽器博物館、福岡古楽音楽祭、日本ワーグナー協会などの招きで講演会をおこなった。NHKテレビの「N響アワー」「ららら♪クラシック」にゲスト出演。2008年4月から2012年4月まで東京藝術大学大学院で楽曲と楽器に関する講義を担当。2012年には同大古楽科で集中講義を担当した。『音楽の友』誌（音楽之友社）で連載執筆中。『バンドジャーナル』誌（音楽之友社）でディスク・レビューとコラムを担当。『レコード芸術』誌（音楽之友社）で月評を担当。ミュージック・ペンクラブ・ジャパン会員。著書に『名曲の真相』（アカデミア・ミュージック）、『名曲の暗号』（音楽之友社）、『金管楽器 演奏の新理論』『木管楽器 演奏の新理論』『おもしろ吹奏楽事典』（ヤマハミュージックメディア）、『カラー図解 オーケストラの世界』『カラー図解 吹奏楽の世界』『カラー図解 楽器の歴史』（河出書房新社）、『オーケストラ・吹奏楽が楽しくわかる楽器の図鑑（全5巻）』（小峰書店）、『オーケストラの中の管楽器考現学 名曲の常識非常識』（音楽之友社）などがある。『リチェルカール古楽器ガイド1』『リチェルカール古楽器ガイド2』（マーキュリー）日本語版監修。

エリック・ミヤシロがガイドする
管楽器奏者のための 楽器スーパー上達術（かんがっきそうしゃ／じょうたつじゅつ）

2017年5月31日　第1刷発行
2017年6月30日　第2刷発行

解　説	エリック宮城（ミヤシロ）
編　者	佐伯茂樹（さえきしげき）
発行者	堀内久美雄
発行所	㈱ 音楽之友社

　　　　東京都新宿区神楽坂 6-30　〒162-8716
　　　　電話 03-3235-2111 ㈹
　　　　振替 00170-4-196250
　　　　http://www.ongakunotomo.co.jp/

組版・装丁：杉井孝則
印刷：共同印刷株式会社
製本：株式会社ブロケード
カバー写真ほか写真提供・協力：ヤマハ株式会社
本文中写真：山崎千裕、高橋英男、エリック宮城、赤井淳（『Band Journal』編集部）（敬称略）
落丁本・乱丁本はお取り替えいたします。

本書の全部または一部のコピー、スキャン、デジタル化等の無断複製は著作権法上での例外を除き禁じられています。また、購入者以外の代行業者等、第三者による本書のスキャンやデジタル化は、たとえ個人や家庭内での利用であっても著作権法上認められておりません。

Printed in Japan
ISBN978-4-276-14521-4 C1073
©2017 by Eric Miyashiro / Shigeki Saeki